V

CHATEAU D'EU.

INDICATEUR

DE

LA GALERIE DES TABLEAUX.

INDICATEUR

DE

LA GALERIE DES PORTRAITS,

TABLEAUX ET BUSTES

QUI COMPOSENT

LA COLLECTION DU ROI,

AU CHATEAU D'EU.

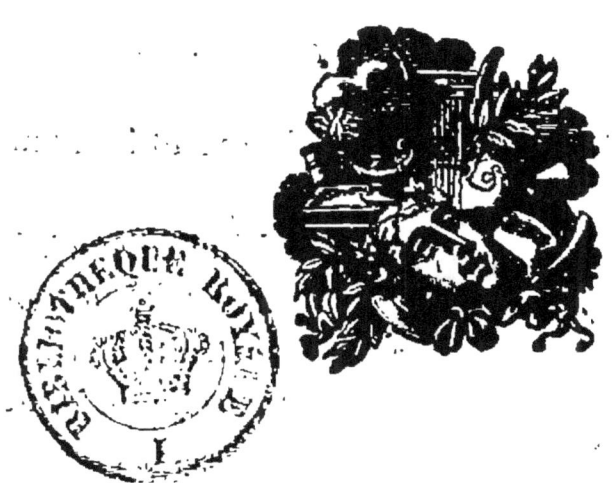

PARIS,
IMPRIMERIE DE PAUL DUPONT ET Cie,
HÔTEL DES FERMES.

1836.

AVERTISSEMENT.

Cet Indicateur est divisé en trois parties, qui ont chacune leur série particulière de numéros :
1° Les Portraits ;
2° Les Tableaux, Gouaches et Dessins ;
3° Les Bustes.

EXPLICATION DES SIGNES ET ABRÉVIATIONS.

La + placée sur les cartels qui portent les noms des portraits signifie *mort*.

Les lettres C. M. placées dans l'Indicateur à la suite de quelques notices signifient *Collection Montpensier*, c'est-à-dire que les portraits faisaient partie de la collection de mademoiselle de Montpensier au château d'Eu.

INDICATEUR.

Première Partie.

PORTRAITS.

1. LOUIS IX (*saint Louis*), Roi de France, second fils de Louis VIII, Roi de France, et de Blanche de Castille,

Né, au château de Poissy, le 25 avril 1215;

Marié à Sens, en 1234, à Marguerite de Provence, fille aînée de Raymond Bérenger, II du nom, Comte de Provence, et de Béatrix de Savoye;

Mort de la peste, devant Tunis, le 25 août 1270;

Canonisé par le Pape Boniface VIII, le 11 août 1297.

(En pied.)

1 *bis*. LE MÊME.

Peint d'après l'original qui est au Palais-Royal (184).

2. BLANCHE DE CASTILLE, Reine de France, seconde fille d'Alphonse IX (dit *le Noble*), Roi de Castille, et d'Alienor d'Angleterre,

Née en 1188;
Mariée, le 23 mai 1200, à Louis VIII, Roi de France;
Morte, à Paris, le 1er décembre 1252.

C. M.

3. MARGUERITE DE PROVENCE, Reine de France, fille aînée de Raymond Bérenger, II du nom, Comte de Provence, et de Béatrix de Savoye,

Née...................
Mariée, à Sens, en 1234, à Louis IX (*saint Louis*), Roi de France;

Morte, à Paris, le 20 décembre 1295.
C. M.

4. FERDINAND III, Roi de Castille et de Léon, fils d'Alphonse IX, Roi de Léon et de Galice, et de Bérengère de Castille, sa seconde femme,

Né en 1200;

Marié, 1° le 30 novembre 1220, à Béatrix de Souabe, fille de Philippe, Duc de Souabe et Roi des Romains, et d'Irène Ange;

2° En 1238, à Jeanne de Dammartin, Comtesse de Ponthieu et d'Aumale, fille aînée et héritière de Simon de Dammartin, Comte d'Aumale, et de Marie, Comtesse de Ponthieu :

Mort le 30 mai 1252;

Canonisé par le pape Clément X, le 15 février 1671.

Peint sur bois.

5. ROBERT DE FRANCE, Comte de Clermont en Beauvoisis, Seigneur de Bourbon, de Charollois, etc., Chambrier de France, sixième fils de saint Louis,

Roi de France, et de Marguerite de Provence,

Né en 1256 ;

Marié, en 1272, à Clermont en Beauvoisis, à Béatrix de Bourgogne, Dame de Bourbon, de Charollois, etc., fille unique de Jean de Bourgogne, Seigneur de Charollois et d'Agnès, Dame de Bourbon ;

Mort le 7 février 1317.

(En pied).

C. M.

6. ISABELLE DE FRANCE, Reine d'Angleterre, seconde fille de Philippe IV (*le Bel*), Roi de France, et de Jeanne, Reine de Navarre,

Née en 1292 ;

Mariée, dans l'église de Notre-Dame, à Boulogne, le 22 janvier 1308, à Édouard II, Roi d'Angleterre, quatrième fils d'Édouard Ier et d'Éléonore, fille de Ferdinand III, Roi de Castille, sa première femme ;

Morte, à Roseing, le 21 novembre 1357.

Peint d'après un portrait qui est au Musée royal.

7. LOUIS, I du nom, Duc de Bourbon, Comte de Clermont, de la Marche, etc., Pair et Chambrier de France (surnommé *le Boiteux* et *le Grand*), fils aîné de Ro- de France, Comte de Clermont, et de Béatrix de Bourgogne, Dame de Bourbon,

Né............

Marié, à Pontoise, au mois de juin 1310, à Marie de Hainaut, fille puînée de Jean II, Comte de Hainaut, et de Philippe de Luxembourg;

Mort au mois de janvier 1341.

(En pied.)

8. PIERRE, I du nom, Duc de Bourbon Comte de Clermont et de la Marche, Pair et Chambrier de France, fils aîné de Louis, I du nom, Duc de Bourbon, et de Marie de Hainaut,

Né............

Marié, le 25 janvier 1336, à Isabelle de Valois, fille puînée de Charles de France, Comte de Valois, et de Mahaud de Châtillon (dite de *Saint-Paul*), sa troisième femme ;

Tué, à la bataille de Poitiers, le 19 septembre 1356.

C. M.

9. JACQUES DE BOURBON, I du nom, Comte de la Marche et de Ponthieu, Seigneur de Montagu et de Condé, Connétable de France, troisième fils de Louis, I du nom, Duc de Bourbon, et de Marie de Hainaut,

Né............

Marié, en 1335, à Jeanne de Châtillon-Saint-Paul, Dame de Leuse, de Condé et de Carency, fille aînée et héritière de Hugues de Châtillon-Saint-Paul et de Jeanne, Dame d'Argies ;

Mort, à Lyon, le 6 avril 1361, par suite des blessures qu'il avait reçues au combat de Brignais, quatre jours auparavant.

C. M.

10. MARGUERITE, (surnommée *Maultasche*, c'est-à-dire *gueule de sac*, Marguerite *à la grande bouche*), fille et hé-

ritière de Henri, Duc de Carinthie, Comte de Tyrol, Roi de Bohême, et de Anne, fille de Wenceslas II, Roi de Bohême et de Pologne, Duc de Cracovie et de Sandomir, et de Judith, fille de l'Empereur Rodolphe de Hapsbourg,

 Née vers 1316;

 Mariée, 1° à Jean-Henri, Margrave de Moravie, troisième fils de Jean (dit *l'Aveugle*) Comte de Luxembourg, Roi de Bohême, et d'Elisabeth, fille de Wenceslas IV, Roi de Bohême et de Pologne, dont elle fut séparée, par divorce, le 2 novembre 1341; 2° le....., après 1341, à Louis Ier de Bavière, Margrave de Brandebourg (dit *le Vieux*), fils aîné de l'Empereur Louis de Bavière;

 Morte le 3 octobre 1369.

11. LOUIS, II du nom, Duc de Bourbon, Comte de Clermont et de Forez, Seigneur de Beaujeu et de Dombes, Pair et Chambrier de France (surnommé *le Bon*), file aîné de Pierre, I du nom,

Duc de Bourbon, et d'Isabelle de Valois,

Né le 4 août 1337 ;

Marié, le 19 août 1371, à Anne, Dauphine d'Auvergne, Comtesse de Forez, Dame de Mercœur, fille unique et héritière de Béraud, II du nom, Comte de Clermont, Dauphin d'Auvergne, et de Jeanne de Forez, Dame d'Ussel, sa première femme ;

Mort, à Montluçon, le 19 août 1410.

C. M.

12. JEAN DE BOURBON, I du nom, Comte de la Marche, de Vendôme et de Castres, deuxième fils de Jacques de Bourbon, I du nom, Comte de la Marche et de Ponthieu, et de Jeanne de Châtillon-Saint-Paul, Dame de Leuse et de Condé,

Né le............

Marié, le 28 septembre 1364, à Catherine, Comtesse de Vendôme, fille de Jean VI, Comte de Vendôme, et de Jeanne de Ponthieu ;

Mort le 11 juin 1393.

(En pied.)

C. M.

13. PHILIPPE DE FRANCE, II du nom (dit *le Hardi*), Duc de Bourgogne, quatrième fils de Jean (dit *le Bon*), Roi de France, et de Bonne de Luxembourg, sa première femme,

Né, à Pontoise, le 15 janvier 1341;

Marié, par contrat passé à Gand, le 12 avril 1369 (accompli en la même ville le 19 juin suivant), à Marguerite, Comtesse de Flandre et d'Artois, veuve de Philippe, I du nom et dernier de la branche des anciens Ducs de Bourgogne, et fille unique de Louis, III du nom, Comte de Flandre et d'Artois, et de Marguerite de Brabant;

Mort, à Hall en Brabant, le 27 avril 1404.

Peint par Decaisne, d'après un portait qui est au Musée royal

14. JEAN DE BOURGOGNE (dit *Jean Sans-Peur*), Comte de Nevers, puis Duc de Bourgogne, Comte de Flandre, d'Artois, Pair de France, fils ainé de Philippe de France (dit *le Hardi*), Duc de Bourgogne, et de Marguerite, Comtesse de Flandre et d'Artois, veuve de Philippe 1er, Duc de Bourgogne,

Né, à Dijon, le 28 mai 1371 ;

Marié, le 12 avril 1385, à Marguerite de Bavière, troisième fille d'Albert de Bavière, Comte de Hainaut, de Hollande et de Zélande, et de Marguerite de Silésie, sa première femme;

Tué, sur le pont de Montereau, par Tanneguy Duchâtel, le 10 septembre 1419.

Peint d'après l'original qui est au Palais-Royal.

14 bis. LE MÊME.

15. JEAN STEWART, Comte de Buchan et de Douglas, Connétable de France, second fils de Robert Stewart (dit *le Jeune*), Duc d'Albanie, et de N...., fille du Comte de Lennox,

Né..............

Marié, le..............., à Marie de Douglas, fille d'Archambault, Comte de Victon, Capitaine de la garde écossaise du Roi Charles VII;

Tué, à la bataille de Verneuil-au-Perche, le 17 août 1424.

16. JEAN, I du nom, Duc de Bourbon

et d'Auvergne, Comte de Clermont, de Montpensier et de Forez, Pair et Chambrier de France, fils aîné de Louis, II du nom, Duc de Bourbon, et d'Anne, Dauphine d'Auvergne,

Né en mars 1380;

Marié, le 24 juin 1400, à Marie de Berry, veuve de Louis de Châtillon, III du nom, Comte de Dunois, et de Philippe d'Artois, Comte d'Eu, Connétable de France;

Mort en janvier 1433, après 19 ans de prison, en Angleterre, où il avait été conduit après la bataille d'Azincourt.

C. M.

17. LOUIS DE BOURBON, Comte de Vendôme et de Chartres, Grand-Chambellan et Grand-Maître de France, second fils de Jean de Bourbon, I du nom, Comte de la Marche, et de Catherine, Comtesse de Vendôme,

Né le.........

Marié, 1° le 21 décembre 1414, à Blanche de Roucy, troisième fille de Hugues, II du nom, Comte de Roucy, et de Blanche de Coucy ; 2° le 24 août 1424, à Jeanne de Laval, fille aînée de Jean de Montfort, Sire de Laval, et d'Anne, Dame de Laval et de Vitré ;

Mort, à Tours, le 21 décembre 1446.

C. M.

18. CHARLES, I du nom, Duc de Bourbon et d'Auvergne, Comte de Clermont, Pair et Chambrier de France, fils aîné de Jean, I du nom, Duc de Bourbon, et de Marie de Berry,

Né le............

Marié, à Autun, le 17 septembre 1425, à Agnès de Bourgogne, fille puînée de Jean (*Sans-Peur*), Duc de Bourgogne, et de Marguerite de Bavière ;

Mort, à Moulins, le 4 décembre 1456.

C. M.

19. LOUIS DE BOURBON, I du nom, Comte de Montpensier, de Clermont et de Sancerre, Dauphin d'Auvergne (surnommé *le Bon*), troisième fils de Jean,

I du nom, Duc de Bourbon, et de Marie de Berry,

Né le..............

Marié, 1° le 8 décembre 1426, à Jeanne, Comtesse de Clermont et Dauphine d'Auvergne, fille unique de Béraud, III du nom, Comte de Clermont, Dauphin d'Auvergne, et de Jeanne de La Tour, sa première femme; 2° le 15 février 1442, à Gabrielle de La Tour, fille ainée de Bertrand VI, Seigneur de La Tour, et de Jacquette du Péchin;

Mort en mai 1486.

C. M.

20. ISABEL ou ISABEAU DE BAVIÈRE, Reine de France, fille d'Etienne II (dit *le Jeune*), Duc de Bavière, Seigneur d'Ingolstadt, et de Thadée Visconti, (dite *de Milan*),

Née..............

Mariée, à Amiens, le 17 juillet 1385, à Charles VI, Roi de France;

Morte, à Paris, le 30 septembre 1435.

Peint d'après un original qui est au Musée royal.

21. CHARLES VII, Roi de France, cinquième fils de Charles VI, Roi de France, et d'Isabeau de Bavière,

Né, à l'hôtel Saint-Paul à Paris, le 22 février 1402;

Marié, en 1422, à Marie d'Anjou, fille aînée de Louis II, Roi de Sicile, Duc d'Anjou, et d'Yolande d'Aragon;

Mort au château de Mehun-sur-Yèvre, près Bourges, le 22 juillet 1461.

(En pied.) Peint d'après un portrait qui est au Musée royal.

21 bis. LE MÊME.

Peint sur bois.

22. AGNÈS SOREL (ou SOREAU), Dame de Rochesserie, d'Issoudun, de Vernon-sur-Seine, et de Beauté-sur-Marne, Maîtresse de Charles VII, Roi de France, fille de Jean Soreau, Seigneur de Saint-Géran, et de Catherine de Magnelers (dite *Tristan*),

Née, au village de Fromenteau près de Loches, vers 1409;

Morte, au château du Ménil près de Jumiéges, le 9 février 1449-1450.

Peint d'après un portrait du temps, qui est au Musée royal.

23. JEANNE D'ARC (*la Pucelle d'Orléans*) fille de Jacques d'Arc, et d'Isabelle Romée,

Née, à Domremi, près Vaucouleurs, en 1410, brûlée vive à Rouen, le 31 mai 1431.

Peint par Champmartin, d'après le tableau qui est à l'Hôtel-de-Ville d'Orléans.

23 *bis*. LA MÊME.

24. PHILIPPE III (dit *le Bon*), Duc de Bourgogne, de Brabant, de Lothier, de Luxembourg, Comte de Flandre, d'Artois, de Hainaut, de Hollande, Doyen des Pairs de France, fils aîné de Jean de Bourgogne (dit *Sans-Peur*), et de Marguerite de Bavière,

Né, à Dijon, le 30 juin 1396 ;

Marié, 1° en juin 1409, à Michelle de France, fille puînée de Charles VI, Roi de France; 2° le 30 novembre 1424, à Bonne d'Artois, veuve de Philippe de Bourgogne, Comte de Nevers; 3° le 10 janvier 1429, à Isabelle de Portugal, fille de Jean Ier, Roi de Portugal;

Mort le 15 juin 1467.

Il avait institué à Bruges, le 10 janvier 1430, l'ordre de la Toison-d'Or pour trente-et-un Chevaliers.

Peint sur bois, par Van-Eyck, dit *Jean de Bruges.*

25. CHARLES (*le Téméraire*), Duc de Bourgogne, troisième fils de Philippe III, Duc de Bourgogne (dit *le Bon*), et d'Isabelle de Portugal, sa troisième femme,

Né, à Dijon, le 10 novembre 1433;

Marié, 1° en 1439, à Saint-Omer, à Catherine de France, seconde fille de Charles VII, Roi de France, et de Marie d'Anjou;

2° A Lille, le 30 octobre 1454, à Isabelle de Bourbon, fille de Charles, I du nom, Duc de Bourbon, et d'Agnès de Bourgogne;

3° Par traité passé à Bruxelles, le 16 février

1467, à Marguerite, fille de Richard, Duc d'York, et de Cécile Nevil;

Tué, devant Nancy, le 5 janvier 1477.

Peint sur bois, par Decaisne.

26. LOUIS XI, Roi de France, fils aîné de Charles VII, Roi de France, et de Marie d'Anjou,

Né, à Bourges, le 3 juillet 1423;

Marié, 1° le 24 juin 1436, à Marguerite, fille aînée de Jacques Ier, Roi d'Écosse, et de Jeanne de Sommerset; 2° en 1457, à Charlotte de Savoye, fille puînée de Louis, Duc de Savoye, et d'Anne de Chypre;

Mort, au château du Plessis-les-Tours, le 30 août 1483.

Peint d'après l'original qui est au Palais-Royal.

26 *bis.* LE MÊME.

(En pied.)

27. PIERRE, II du nom, Duc de Bourbon et d'Auvergne, comte de Clermont, de Forez, etc., Pair et Chambrier de France,

quatrième fils de Charles, I du nom, Duc de Bourbon, et d'Agnès de Bourgogne,

Né en novembre 1439;

Marié, en 1474, à Anne de France, fille aînée de Louis XI, Roi de France, et de Charlotte de Savoye, sa seconde femme;

Mort le 8 octobre 1503.

C. M.

28. ANNE DE FRANCE, Duchesse de Bourbon et d'Auvergne, Dame de Beaujeu, fille de Louis XI, Roi de France, et de Charlotte de Savoye, sa seconde femme,

Née en 1462;

Mariée, en 1474, à Pierre, II du nom, Duc de Bourbon et d'Auvergne, quatrième fils de Charles Ier, Duc de Bourbon, et d'Agnès de Bourgogne;

Morte, au château de Chantelle, le 14 novembre 1522.

C. M.

29. CHARLES VIII, Roi de France,

deuxième fils de Louis XI, Roi de France, et de Charlotte de Savoye, sa seconde femme,

Né, au château d'Amboise, le 30 juin 1470 ;

Marié par contrat passé à Langeais en Tourraine, le 13 décembre 1491, à Anne, Duchesse de Bretagne, fille unique et héritière de François II, Duc de Bretagne, et de Marguerite de Foix ;

Mort, d'une attaque d'apoplexie, à Amboise, le 7 avril 1497.

Peint d'après un portrait qui est au Musée royal.

30. ANNE DE BRETAGNE, Duchesse de Bretagne, Reine de France, fille unique et héritière de François II, Duc de Bretagne, et de Marguerite de Foix, sa seconde femme,

Née le 26 janvier 1476 ;

Mariée, 1° par contrat passé à Langeais en Touraine, le 13 décembre 1491, à Charles VIII, Roi de France ;

2° Au château de Nantes, le 8 janvier 1499, à Louis XII, Roi de France ;

Morte le 9 janvier 1514.

Peint d'après un portrait qui est au Musée royal.

31. JEAN DE BOURBON, II du nom, Comte de Vendôme, Seigneur d'Épernon, fils aîné de Louis de Bourbon, Comte de Vendôme, et de Jeanne de Laval, sa seconde femme ;

Né le...........

Marié, le 9 novembre 1454, à Élisabeth de Beauveau, Dame de Champigny et de La Roche-sur-Yon, fille unique et héritière de Louis de Beauveau, Seigneur de Champigny, et de Marguerite de Chambley ;

Mort, au château de Lavardin, près Vendôme, le 6 janvier 1477.

C. M.

32. GILBERT DE BOURBON, Comte de Montpensier, Dauphin d'Auvergne (surnommé *le Comte Dauphin*), du vi-

vant de son père, Lieutenant-Général du Poitou sous Charles VIII, Gouverneur de Paris et de l'Ile-de-France, Vice-Roi de Naples, Archiduc de Sessa, fils aîné de Louis de Bourbon, I du nom, Comte de Montpensier, et de Gabrielle de La Tour, sa seconde femme.

Né le.....

Marié, le 24 février 1481, à Claire de Gonzague, fille de Frédéric de Gonzague, Marquis de Mantoue, et de Marguerite de Bavière;

Mort, à Pouzzoles, dans le royaume de Naples, le 5 octobre 1496.

(En pied.) C. M.

33. CLAIRE DE GONZAGUE, Comtesse de Montpensier, Dauphine d'Auvergne, fille de Frédéric de Gonzague, Marquis de Mantoue, et de Marguerite de Bavière,

Née le . . . . .

Mariée, le 24 février 1481, à Gilbert de Bourbon, Comte de Montpensier, Dauphin d'Auvergne, fils aîné de Louis de Bourbon,

I du nom, Comte de Montpensier, et de Gabrielle de La Tour, sa seconde femme;
Morte le 2 juin 1503.

C. M.

34. FRANÇOIS DE BOURBON, Comte de Vendôme, de Saint-Paul, de Marle et de Soissons, fils aîné de Jean de Bourbon, II du nom, Comte de Vendôme, Seigneur d'Épernon et d'Isabelle de Beauveau, Dame de Champigny et de la Roche-sur-Yon,

Né en 1470;
Marié, au château de Ham, le 8 septembre 1487, à Marie de Luxembourg, Comtesse de Saint-Paul, de Marle et de Soissons, veuve de Jacques de Savoye, Comte de Romont, et fille aînée et principale héritière de Pierre de Luxembourg, II du nom, Comte de Saint-Paul, et de Marguerite de Savoye;
Mort, à Verceil en Piémont, le 3 octobre 1495.

C. M.

35. LOUISE DE SAVOYE, Duchesse d'An-

goulême, d'Anjou, de Nemours, Régente de France, fille aînée de Philippe II, Duc de Savoye, et de Marguerite de Bourbon, sa première femme.

Née le 11 septembre 1476 ;
Mariée, le 16 février 1487, à Charles d'Orléans, Comte d'Angoulême, second fils de Jean d'Orléans, Comte d'Angoulême et de Marguerite de Rohan ; elle eut de ce mariage François Ier, Roi de France, et Marguerite, Reine de Navarre ;
Morte, à Grez en Gâtinois, le 22 septembre 1531.

36. LOUIS XII, Roi de France, fils de Charles, Duc d'Orléans, et de Marie de Clèves, sa troisième femme,

Né à Blois, le 27 juin 1462 ;
Marié, 1° en 1476, à Jeanne de France, Duchesse de Berry, fille puînée de Louis XI, Roi de France, et de Marguerite d'Écosse, sa deuxième femme ; 2° le 8 janvier 1499, à Nantes, à Anne de Bretagne, veuve de Charles VIII, Roi de France ; 3° le 9 octobre 1514, à Abbe-

ville, à Marie d'Angleterre, fille de Henri VII, Roi d'Angleterre;

Mort au palais des Tournelles, à Paris, le 1er janvier 1515.

(En pied.)

37. MARGUERITE DE LORRAINE, Duchesse d'Alençon, deuxième fille de Ferry de Lorraine, II du nom, Comte de Vaudemont, et d'Iolande d'Anjou,

Née en 1463;

Mariée, le 14 mai 1488, à René, Duc d'Alençon, Pair de France, fils de Jean, II du nom, Duc d'Alençon, et de Marie d'Armagnac, sa seconde femme; après la mort de son mari, elle se fit religieuse dans le couvent de Sainte-Claire, à Argentan, qu'elle avait fondé;

Morte le 1er novembre 1521.

C. M.

38. MAXIMILIEN Ier, Archiduc d'Autriche, Empereur d'Allemagne, second fils de l'Empereur Frédéric IV (dit *le Pacifique*), et d'Éléonore de Portugal,

Né le 22 mars 1459;

Marié, 1° à Gand, le 20 août 1477, à Marie de Bourgogne, fille et héritière de Charles-le-Téméraire, dernier Duc de Bourgogne, et d'Isabelle de Bourbon, sa seconde femme; 2e en 1494, à Blanche-Marie Sforce, fille de Galéas Marie Sforce, Duc de Milan, et de Bonne de Savoye, sa seconde femme,

Mort, à Lens, le 12 janvier 1519.

Peint d'après un portrait qui est au Musée royal.

39. MARIE DE BOURGOGNE, Archiduchesse d'Autriche, fille et héritière de Charles-le-Téméraire, Duc de Bourgogne, et d'Isabelle de Bourbon, sa seconde femme.

Née à Bruxelles, le 13 février 1457;

Mariée à Gand, le 20 août 1477, à Maximilien Ier, Archiduc d'Autriche, puis Empereur d'Allemagne, deuxième fils de l'Empereur Frédéric IV (dit le *Pacifique*), et d'Éléonore de Portugal;

Morte, à Bruges, le 25 mars 1481, d'une chute de cheval qu'elle fit à la chasse.

Peint d'après un portrait qui est au Musée royal.

40. PHILIPPE Ier, (dit *le Bel*), Archiduc d'Autriche, puis Roi d'Espagne, second fils de Maximilien Ier, Empereur d'Allemagne, et de Marie de Bourgogne, sa première femme,

Né à Bruges, le 23 juin 1478 ;
Marié, le 21 octobre 1496, à Jeanne d'Aragon (dite *la Folle*), fille de Ferdinand-le-Catholique, Roi d'Aragon, et d'Isabelle, Reine de Castille et de Léon.
Mort à Burgos, le 25 septembre 1506.

Peint d'après un portrait qui est au Musée royal.

41. CHARLES-QUINT, Empereur d'Allemagne et Roi d'Espagne (*Charles Ier, Roi d'Espagne*), fils aîné de Philippe Ier (dit *le Bel*), Archiduc d'Autriche, puis Roi d'Espagne, et de Jeanne d'Aragon (dite *la Folle*),

Né à Gand, le 24 février 1500 ;
Marié, le 11 mars 1526, à Isabelle de Portugal, fille d'Emmanuel-le-Grand, Roi de Portugal, et de Marie de Castille ;

Abdique, le 16 janvier 1556;

Mort, dans le monastère de Saint-Just en Estramadure, le 21 septembre 1558.

Peint sur bois.

41 *bis*. LE MÊME.

Peint d'après l'original de Holbein qui est au Palais-Royal.

41 *ter*. LE MÊME.

Peint d'après un portrait qui est au Musée royal.

42. ISABELLE DE PORTUGAL, Impératrice d'Allemagne et Reine d'Espagne, fille d'Emmanuel-le-Grand, Roi de Portugal, et de Marie de Castille,

Née le 4 octobre 1503;
Mariée, le 11 mars 1526, à Charles-Quint, Empereur d'Allemagne et Roi d'Espagne;
Morte le 1er mai 1539.

Peint d'après un portrait de Holbein qui est au Palais-Royal.

43. FRANÇOIS 1er, Roi de France, fils de

Charles d'Orléans, Comte d'Angoulême, et de Louise de Savoye,

Né à Cognac, le 12 septembre 1494;
Marié, 1° le 14 mai 1514, à Claude de France, fille aînée de Louis XII, Roi de France, et d'Anne de Bretagne, sa deuxième femme; 2° en juillet 1530, à Éléonore d'Autriche, sœur de Charles-Quint et veuve d'Emmanuel, Roi de Portugal;
Mort, à Rambouillet, le 31 mars 1547.

(En pied.)

43 *bis*. LE MÊME.

Peint d'après un portrait qui est au Palais-Royal.

44. CLAUDE DE FRANCE, Reine de France, fille aînée de Louis XII, Roi de France, et d'Anne de Bretagne, sa seconde femme,

Née à Romorantin, le 13 octobre 1499;
Mariée, à Saint-Germain en Laye, le 14 mai 1514, à François Ier, Roi de France;
Morte au château de Blois, le 25 juillet 1524.

45. ÉLÉONORE D'AUTRICHE, Reine de Portugal, puis Reine de France, fille de Philippe I*er* (dit *le Bel*), Archiduc d'Autriche, puis Roi d'Espagne, et de Jeanne d'Aragon (dite *la Folle*),

Née à Louvain en 1498 ;

Mariée, 1° en 1519, à Emmanuel, Roi de Portugal ; 2° en juillet 1530, à François I*er*, Roi de France ;

Morte à Talaveyra, en Espagne, le 18 février 1558.

Peint d'après un portrait qui est au Musée royal.

46. RENÉE DE FRANCE, Duchesse de Ferrare, de Modène et de Reggio, Duchesse de Chartres, Comtesse de Gisors, Dame de Montargis, seconde fille de Louis XII, Roi de France, et d'Anne de Bretagne, sa seconde femme,

Née, à Blois, le 25 octobre 1510 ;

Accordée, en 1513, à Charles d'Autriche, Prince des Pays-Bas, puis promise à Joachim, Marquis de Brandebourg, et enfin mariée, le

30 juillet 1527, à Hercule II d'Este, Duc de Ferrare, de Modène et de Reggio;

Morte, à Montargis, le 12 juin 1575.

47. PIERRE DU TERRAIL, Seigneur de Bayard (*le chevalier sans peur et sans reproche*), fils d'Aymoin du Terrail et d'Hélène Aleman, fille de Henri, Seigneur de Laval,

Né, en Dauphiné, en 1476;
Tué d'un coup de mousquet, à la retraite de Rebec, le 30 avril 1524.

Peint d'après un portrait qui est au Musée royal.

48. GUILLAUME GOUFFIER, Seigneur de Bonnivet, de Crève-Cœur, de Thois et des Querdes, Chevalier de l'ordre de Saint-Michel, Amiral de France, gouverneur de Dauphiné, de Guyenne, et de la personne du Dauphin, François de France, fils de François Ier, cinquième fils de Guillaume Gouffier, Seigneur de Boisy, et de Philippe de Montmorency, sa seconde femme.

Né .....

Marié, 1° par contrat du 14 juin 1506, à Bonaventure du Puy-du-Fou, fille unique de Geoffroy du Puy-du-Fou, Seigneur d'Amaillou, et de Marguerite de Saint-Gelais; 2° par contrat du 8 juin 1517, à Louise de Crèvecœur, fille unique et héritière de François de Crèvecœur et de Jeanne de Rubempré;

Tué, à la bataille de Pavie, le 24 février 1525.

Peint d'après un portrait qui est au Musée royal.

49. PHILIPPE CHABOT, Comte de Charny, et de Buzançois, Amiral de France, Chevalier des ordres de Saint-Michel et de la Jarretière, Gouverneur de Bourgogne et de Normandie, second fils de Jacques Chabot, Seigneur de Jarnac, de Brion et d'Aspremont, et de Madeleine de Luxembourg, veuve de Charles de Sainte-Maure, Seigneur de Puyseuls.

Né .....

Marié, par contrat du 10 janvier 1526, à Françoise de Longvy, Dame de Pagny et de Mirebeau, fille aînée et héritière de Jean de

Longvy, Seigneur de Givry, et de Jeanne d'Angoulême;

Mort, à Paris, le 1er juin 1543.

Peint d'après un portrait qui est au Musée royal.

50. LAURENT DE MÉDICIS, II du nom, Duc d'Urbin, fils aîné de Pierre de Médicis, II du nom, et d'Alphonsine des Ursins.

Né le 13 septembre 1492;

Marié, en 1513, à Madeleine de La Tour, (dite *de Boulogne*), fille de Jean de La Tour, III du nom, Comte d'Auvergne, et de Jeanne de Bourbon;

Mort le 4 mai 1519.

Peint d'après un portrait qui est au Musée royal.

51. CHARLES DE BOURBON, III du nom (*le Connétable de Bourbon*), Duc de Bourbon, d'Auvergne et de Chatellerault, Comte de Clermont, de Montpensier, Pair, Chambrier et Connétable de France, second fils de Gilbert de

Bourbon, Comte de Montpensier et de Claire de Gonzague,

Né le 17 février 1489 ;

Marié, au château du Parc-les-Moulins, le 10 mai 1505, à Suzanne de Bourbon, Duchesse de Bourbon et d'Auvergne, fille unique et héritière de Pierre, II du nom, Duc de Bourbon, et d'Anne de France ;

Tué, au siége de Rome, le 6 mai 1527.

(En pied.)

52. SUZANNE DE BOURBON, Duchesse de Bourbon et d'Auvergne, fille unique et héritière de Pierre, II du nom, Duc de Bourbon, et d'Anne de France,

Née le 10 mai 1491 ;

Mariée au château du Parc-les-Moulins, le 10 mai 1505, à Charles de Bourbon, III du nom, Duc de Bourbon et d'Auvergne, Connétable de France, second fils de Gilbert de Bourbon, Comte de Montpensier, et de Claire de Gonzague ;

Morte, à Châtellerault, le 28 avril 1521.

(En pied.) C. M

53. LOUIS DE BOURBON, I du nom, Prince de La Roche sur Yon, second fils de Jean de Bourbon, II du nom, Comte de Vendôme, Seigneur d'Épernon et d'Isabeau de Beauveau,

Né en.....

Marié, à Moulins, le 21 mars 1504, à Louise de Bourbon, Comtesse de Montpensier, Dauphine d'Auvergne, veuve d'André de Chauvigny, Seigneur de Châteauroux, fille aînée de Gilbert de Bourbon, Comte de Montpensier, et de Claire de Gonzague ;

Mort vers 1520.

(En pied.)   C. M.

54. LOUISE DE BOURBON, Comtesse de Montpensier, Princesse de La Roche sur Yon, fille aînée de Gilbert de Bourbon, Comte de Montpensier et de Claire de Gonzague,

Née le.....

Mariée, 1° le 17 juillet 1499 à André de Chauvigny, Seigneur de Châteauroux ; 2° le 21 mars 1504, à Moulins, à Louis de Bourbon,

I du nom, Prince de La Roche-sur-Yon, second fils de Jean de Bourbon, II du nom, Comte de Vendôme, Seigneur d'Épernon, et d'Isabeau de Beauveau;

Morte le 5 juillet 1561.

(En pied.)   C. M.

55. CHARLES DE BOURBON, I du nom, Duc de Vendôme, Pair de France, Comte de Soissons, fils aîné de François de Bourbon, Comte de Vendôme, et de Marie de Luxembourg, Comtesse de Saint-Paul;

Né, à Vendôme, le 2 juin 1489;
Marié, à Châteaudun, le 18 mai 1513, à Françoise d'Alençon, veuve de François d'Orléans, I du nom, Duc de Longueville, fille aînée de René, Duc d'Alençon, et de Marguerite de Lorraine;
Mort à Amiens, le 25 mars 1537.

C. M.

56. MADELEINE DE FRANCE, Reine d'Écosse, troisième fille de François Ier, Roi

de France et de Claude de France, sa première femme,

Née, à Saint-Germain-en-Laye, le 10 août 1520;

Mariée, dans l'église Notre-Dame de Paris, le 1er janvier 1536, à Jacques V, Roi d'Écosse;

Morte, le 2 juillet 1537.

Peint d'après un portrait qui est au Musée royal.

57. MARGUERITE-DE-FRANCE, Duchesse de Savoye, quatrième fille de François Ier, Roi de France, et de Claude de France, sa première femme,

Née, à Saint-Germain-en-Laye, le 5 juin 1523;

Accordée, par traité du 7 avril 1526, à Louis de Savoye, Prince de Piémont, qu'elle n'épousa pas;

Mariée, à Paris le 9 juillet 1559, à Emmanuel Philibert (dit *Tête de Fer*), Duc de Savoye, troisième fils de Charles III, Duc de Savoye, et de Béatrix de Portugal;

Morte, à Turin, le 14 septembre 1574.

Peint d'après un portrait qui est au Musée royal.

58. HENRI D'ALBRET, II du nom, Roi de Navarre, Prince de Béarn, Comte de Foix, etc., fils de Jean, Sire d'Albret, Roi de Navarre, et de Catherine de Foix, Reine de Navarre,

Né, à Sanguësa, en avril 1503 ;

Marié, le 23 janvier 1526, à Marguerite d'Orléans-Angoulême (*Marguerite de Valois*), veuve de Charles, Duc d'Alençon, et fille aînée de Charles d'Orléans, Comte d'Angoulême, et de Louise de Savoye ;

Mort, à Pau, le 25 mai 1555.

(En pied.)   C. M.

58, bis. LE MÊME.

Peint d'après un portrait qui est au Musée royal.

59. MARGUERITE D'ORLÉANS (*Marguerite de Valois*), Duchesse d'Alençon, puis Reine de Navarre, fille aînée de Charles d'Orléans, Comte d'Angoulême, et de Louise de Savoye, Duchesse d'Angoulême,

Née, à Angoulême, le 11 avril 1492;

Mariée, 1° par contrat du 9 octobre 1509 à Charles, IV du nom, Duc d'Alençon, fils aîné de René, Duc d'Alençon, et de Marguerite de Lorraine; 2° le 3 janvier 1526, à Henri d'Albret, II du nom, Roi de Navarre;

Morte, au château d'Odos, en Bigorre, le 21 décembre 1549.

Peint d'après un portrait qui est au Musée royal.

60. PAUL IV (Jean-Pierre Caraffa), fils de Jean-Antoine Caraffa, Comte de Matalone,

Né le 27 juin 1476;
Archevêque de Chiéti, Cardinal en 1536, élu Pape le 23 mai 1555;
Mort le 18 août 1559.

61. GUSTAVE WASA (*Gustave Ier*), Roi de Suède, fils d'Éric Wasa, Duc de Gripsholm, Sénateur du Royaume de Suède,

Né le 12 mai 1490;

Marié, 1° le 24 décembre 1531, à Catherine, fille de Magnus Ier, Duc de Saxe-Lawembourg ; 2° le 10 octobre 1536 à Marguerite, fille d'Eric-Abraham de Laholm, Gouverneur de Sudermanie ; 3° le 22 août 1552 à Catherine, fille de Gustave-Olaüs de Torpa, Gouverneur de Westrogothie ;

Mort le 29 septembre 1560.

Peint d'après un portrait qui est au Palais-Royal.

62. CLAUDE DE LORRAINE, premier Duc de Guise, Pair et Grand-Veneur de France, cinquième fils de René, II du nom, Duc de Lorraine, et de Philippe de Gueldres, sa seconde femme,

Né le 20 octobre 1496 ;

Marié, à Paris, le 18 avril 1513, à Antoinette de Bourbon, fille aînée de François de Bourbon, Comte de Vendôme, et de Marie de Luxembourg ;

Mort, à Joinville, le 12 avril 1550.

(En pied.) C. M.

63. ANTOINETTE DE BOURBON, Du-

chesse de Guise, fille aînée de François de Bourbon, Comte de Vendôme, et de Marie de Luxembourg,

Née, à Ham, le 25 décembre 1494;
Mariée, à Paris, le 18 avril 1513, à Claude de Lorraine, premier Duc de Guise, cinquième fils de René, II du nom, Duc de Lorraine, et de Philippe de Gueldres, sa seconde femme;
Mort au château de Joinville, le 20 janvier 1583.

(En pied.)　　C. M.

64. JEAN, Cardinal de Lorraine, Archevêque et Duc de Rheims, Pair de France, sixième fils de René, II du nom, Duc de Lorraine, et de Philippe de Gueldres, sa seconde femme,

Né, à Bar, le 9 avril 1498;
Mort d'apoplexie à Neuvy-sur-Loire, le 10 mai 1550.

C. M.

65. LOUIS DE LORRAINE, Comte de Vaudemont, septième fils de René, II

du nom, Duc de Lorraine, et de Philippe de Gueldres, sa seconde femme,

Né en 1500;
Mort, au siége de Naples, en 1528, sans avoir été marié.

C. M.

65, *bis*. LE MÊME,

Peint d'après un portrait qui est au Musée royal.

66. HENRI II, Roi de France, deuxième fils de François Ier, Roi de France, et de Claude de France, fille de Louis XII, sa première femme,

Né, à Saint-Germain-en-Laye, le 31 mars 1518;
Marié, à Marseille, le 27 octobre 1533, à Catherine de Médicis, fille de Laurent de Médicis, II du nom, Duc d'Urbin, et de Madeleine de la Tour (dite *de Boulogne*);
Mort, au palais des Tournelles à Paris, le 10 juillet 1559.

Peint sur bois par Janet.

66 *bis*. LE MÊME.

Peint par Ducornet (*avec les pieds*), d'après un portrait qui est au Musée Royal.

67. CATHERINE DE MÉDICIS, Reine de France, fille unique de Laurent de Médicis, II du nom, Duc d'Urbin, et de Madeleine de La Tour (dite *de Boulogne*),

Née le 13 avril 1519;

Mariée, le 27 octobre 1533, à Henri II, Roi de France;

Morte, au château de Blois, le 5 janvier 1589.

(En pied.)

67 *bis*. LA MÊME.

Peint sur bois par Janet.

67 *ter*. LA MÊME.

Peint d'après un portrait qui est au Musée royal.

68. DIANE DE POITIERS, Duchesse de Valentinois, fille de Jean de Poitiers,

Comte de Saint-Vallier, et de Jeanne de Batarnay,

Née en 1499;

Mariée, à l'âge de 13 ans, à Louis de Brézé, Comte de Maulevrier, Seigneur d'Anet, Gouverneur et Sénéchal de Normandie;

Morte le 26 avril 1566.

Nota. Elle fut enterrée dans la grande chapelle d'Anet qu'elle avait fait construire pour cet objet. Son tombeau en marbre, qui avait été transporté au Musée des Petits-Augustins, à Paris, a été restitué à S. A. R. Madame la Duchesse d'Orléans. S. M. Louis-Philippe I*er* l'a fait placer dans un pavillon du château de Neuilly.

Peint d'après un portrait qui est au Musée royal.

69. MICHEL DE L'HOSPITAL, Seigneur de Vignay, Chancelier de France, fils de Jean de L'Hospital, Premier médecin du Connétable de Bourbon,

Né, à Aigue-Perse, vers l'an 1503;

Marié, en 1537, à Marie Morin, fille de Jean Morin, Seigneur de Paroy, Lieutenant criminel au Châtelet de Paris;

Mort, à Vignay, près Étampes, le 13 mars 1573.

Peint d'après un portrait qui est au Musée royal.

70. CLAUDE D'ANNEBAUT, Baron de Retz et de La Hunaudaye, Maréchal et Amiral de France, fils de Jean, II du nom, Seigneur d'Annebaut, et de Marie Blosset, sa première femme,

Né.....

Marié à Françoise de Tournemine, Dame de La Hunaudaye et de Retz;

Mort à La Fère, le 2 novembre 1552.

Peint d'après un portrait qui est dans la galerie du palais de Versailles.

71. CHARLES DE COSSÉ, I du nom, Comte de Brissac, Maréchal de France, Chevalier de l'ordre du Roi, Grand Pannetier et Grand Fauconnier de France, fils aîné de René de Cossé, Seigneur de Brissac, et de Charlotte Gouffier,

Né vers 1505;

Marié, en..... à Charlotte d'Esquetot, fille de Jean, Seigneur d'Esquetot, Buglise et Ricarville, et de Madeleine Le Picart;

Mort, à Paris, le 31 décembre 1563.

Peint d'après le portrait qui est dans la galerie du palais de Versailles.

72. FERDINAND ALVAREZ DE TOLÈDE, Duc d'Albe, Général des armées de Charles-Quint et Philippe II, Rois d'Espagne ; fils de Garcias, Duc d'Albe, et de Béatrix de Pimentel,

Né en Espagne, en 1508 ;
Marié, en 1528, à Marie Henriquez ;
Mort le 12 janvier 1582.

(Sur bois.) Peint par Porbus.

73. FRANÇOIS DE LORRAINE, Duc de Guise et d'Aumale, Prince de Joinville, Marquis de Mayenne, Chevalier de l'ordre du Roi, Pair, Grand Maître, Grand-Chambellan et Grand-Veneur de France, Ministre et Lieutenant-Général de l'État, fils aîné de Claude de Lorraine, Duc de Guise, et d'Antoinette de Bourbon,

Né le 17 février 1519 ;
Marié, le 4 décembre 1549, à Anne d'Este-

Ferrare, Comtesse de Gisors, Dame de Montargis, fille d'Hercule d'Este, II du nom, Duc de Ferrare, et de Renée de France, fille de Louis XII ;

Assassiné devant Orléans, par Jean Poltrot, le 18 février 1563, et mort le lendemain.

(En pied.)   C. M.

73 bis. LE MÊME.

Peint d'après un portrait qui est au Musée royal.

74. ANNE D'ESTE-FERRARE, Duchesse de Guise et ensuite de Nemours, Comtesse de Gisors, Dame de Montargis, fille d'Hercule d'Este, II du nom, Duc de Ferrare, et de Renée de France, fille de Louis XII,

Née le 16 novembre 1531 ;

Mariée 1°, le 4 décembre 1549, à François de Lorraine, Duc de Guise, fils aîné de Claude de Lorraine, Duc de Guise, et d'Antoinette de Bourbon ;

2° En 1566, à Jacques de Savoye, Duc de Nemours, fils aîné de Philippe de Savoye, Duc de Nemours, et de Charlotte d'Orléans-Longueville ;

Mort, à Paris, le 7 mai 1607.

(En pied.)   C. M.

75. CHARLES, Cardinal de Lorraine, Duc de Chevreuse, Archevêque et Duc de Rheims, Pair de France, second fils de Claude de Lorraine, Duc de Guise, et d'Antoinette de Bourbon,

Né, à Joinville, le 17 février 1524 ;
Mort, à Avignon, le 26 décembre 1574.

C. M.

76. CLAUDE DE LORRAINE, Duc d'Aumale, Pair et Grand-Veneur de France, troisième fils de Claude de Lorraine, Duc de Guise, et d'Antoinette de Bourbon,

Né, à Joinville, le 1er août 1526 ;
Marié, à Fontainebleau, le 1er août 1547, à Louise de Brézé, Dame d'Anet, seconde fille et héritière de Louis de Brézé, Comte de Maulevrier, et de Diane de Poitiers, Duchesse de Valentinois ;

Tué, au siége de la Rochelle, le 14 mars 1573.

C. M.

77. LOUIS DE LORRAINE, Cardinal de Guise, Archevêque de Sens, quatrième fils de Claude de Lorraine, Duc de Guise, et d'Antoinette de Bourbon,

Né, à Joinville, le 21 octobre 1527;
Mort, à Paris, le 29 mai 1578.

C. M.

78. FRANÇOIS DE LORRAINE, Chevalier de Malte, Grand-Prieur de France, sixième fils de Claude de Lorraine, Duc de Guise, et d'Antoinette de Bourbon,

Né, à Joinville, le 18 avril 1534;
Mort le 6 mars 1563.

C. M.

79. RENÉ DE LORRAINE, Duc d'Elbœuf, Général des galères de France, septième fils de Claude de Lorraine, Duc de Guise, et d'Antoinette de Bourbon,

Né, à Joinville, le 14 août 1536;
Marié, le 3 février 1550, à Louise de Rieux,

Comtesse d'Harcourt, Dame de Rieux et d'Ancenis, fille puînée de Claude, I du nom, Sire de Rieux, Comte d'Harcourt et de Suzanne de Bourbon, sa seconde femme;

Mort en 1566.

C. M.

80. MARIE DE LORRAINE, Duchesse de Longueville, Reine d'Écosse, fille aînée de Claude de Lorraine, Duc de Guise, et d'Antoinette de Bourbon,

Née, au château de Bar, le 22 novembre 1515;

Mariée 1°, à Paris, le 4 août 1534, à Louis d'Orléans, II du nom, Duc de Longueville, Pair et Grand-Chambellan de France, second fils de Louis d'Orléans, I du nom, Duc de Longueville, et de Jeanne de Hochberg, Marquise de Rothelin et Comtesse de Neufchâtel en Suisse;

2° En 1538, à Jacques V, Roi d'Écosse;

Morte le 10 juin 1560.

(En pied.)   C. M.

80 bis. LA MÊME.

C. M.

81. LOUISE DE LORRAINE, Princesse de Chimay, Duchesse d'Arschot, seconde fille de Claude de Lorraine, Duc de Guise, et d'Antoinette de Bourbon,

Née, à Joinville, le 10 janvier 1520 ;
Mariée, le 20 février 1541, à Charles de Croy, Prince de Chimay et Duc d'Arschot, fils aîné de Philippe, II du nom, Duc d'Arschot, et d'Anne de Croy, Princesse de Chimay ;
Morte, sans enfans, en 1541.

C. M.

82. RENÉE DE LORRAINE, Abbesse de Saint-Pierre de Rheims, troisième fille de Claude de Lorraine, Duc de Guise, et d'Antoinette de Bourbon,

Née, à Joinville, le 22 septembre 1522 ;
Morte le 3 avril 1602.

C. M.

83. LÉONOR D'ORLÉANS, Duc de Longueville et d'Estouteville, Souverain de Neufchâtel, Comte de Dunois, de Saint-Paul, de Tancarville et de Montgommery, Pair et Grand-Chambellan de

France, et Gouverneur de Picardie, fils de François d'Orléans, Duc de Longueville, et de Jacqueline de Rohan,

Né vers 1540;

Marié, le 2 juillet 1563, à Marie de Bourbon, Duchesse d'Estouteville, Comtesse de Saint-Paul et Dame de Trie, fille unique de François de Bourbon, I du nom, Comte de Saint-Paul, et d'Adrienne, Duchesse d'Estouteville et veuve 1° de Jean de Bourbon, Comte de Soissons et d'Enghien; 2° de François de Clèves, II du nom, Duc de Nevers;

Mort, à Blois, en août 1573.

84. MARIE DE BOURBON, Duchesse de Longueville et d'Estouteville, Comtesse de Saint-Paul, et Dame de Trie, fille unique de François de Bourbon, I du nom, Comte de Saint-Paul, et d'Adrienne, Duchesse d'Estouteville,

Née, à la Fère, le 30 mai 1539;

Mariée, 1° le 14 juin 1557, à Jean de Bourbon, Comte de Soissons et d'Enghien, Duc d'Estouteville, son cousin germain, qui fut tué à la bataille de Saint-Quentin, le 10 août 1557;

2° Le 2 octobre 1562, à François de Clèves, II du nom, Duc de Nevers, son parent, qui fut tué à la bataille de Dreux, le 19 décembre 1562;

3° Le 2 juillet 1563, à Léonor d'Orléans, Duc de Longueville, fils de François d'Orléans, Duc de Longueville, et de Jacqueline d'Orléans; Morte, à Pontoise, le 7-28 avril 1601.

85. PHILIPPE II, roi d'Espagne (et de Portugal, sous le nom de Philippe III), de Naples et de Sicile, fils aîné de Charles-Quint, Empereur d'Allemagne, et Roi d'Espagne, et d'Isabelle de Portugal,

Né, à Valladolid, le 21 mai 1527;

Marié, 1° en 1543, à Marie de Portugal, fille de Jean III, Roi de Portugal, et de Catherine d'Autriche, sœur de Charles-Quint;

2° Le 25 juillet 1554, à Marie, fille de Henri VIII, Roi d'Angleterre, et de Catherine d'Aragon;

3° Le 22 juin 1559, à Élisabeth de France, fille aînée de Henri II, Roi de France, et de Catherine de Médicis;

4° En 1570, à Anne Marie d'Autriche, fille

de l'Empereur Maximilien II, et de Marie d'Autriche, fille de Charles-Quint;

Mort, au palais de l'Escurial qu'il avait fait bâtir, le 13 septembre 1598.

Peint d'après le portrait qui est au Musée royal.

86. DON CARLOS, Infant d'Espagne, fils aîné de Philippe II, Roi d'Espagne, et de Marie de Portugal, sa première femme;

Né, à Valladolid, le 12 juillet 1545;
Mort, sans alliance, le 24 juillet 1568.

Peint d'après le portrait qui est au Musée royal.

87. ANTOINE PERRENOT, Cardinal de Granvelle, Évêque d'Arras, Archevêque de Malines et de Besançon, Ministre de Charles-Quint et de Philippe II, Roi d'Espagne; deuxième fils de Nicolas Perrenot, Seigneur de Granvelle, Chancelier de l'Empereur Charles-Quint,

Né, à Besançon, en 1517;
Mort, à Madrid, le 21 septembre 1586.

(En pied.)

3.

88. ALEXANDRE FARNÈSE, Duc de Parme et de Plaisance, Gouverneur des Pays-Bas, fils d'Octave Farnèse, Duc de Parme et de Plaisance, et de Marguerite d'Autriche, fille naturelle de l'Empereur Charles-Quint, et veuve d'Alexandre de Médicis, Duc de Florence,

Né en 1544;

Marié, en 1566, à Marie de Portugal, fille d'Édouard, Prince de Portugal, Duc de Guymaraens, et d'Isabelle, fille de Jacques, Duc de Bragance;

Mort, à Arras, le 3 septembre 1592, par suite des blessures qu'il reçut au siége de Rouen.

Peint d'après le portrait qui est au Musée royal.

89. FRANÇOIS II, Roi de France, fils aîné de Henri II, Roi de France, et de Catherine de Médicis;

Né, à Fontainebleau, le 19 janvier 1543;

Marié, le 24 avril 1558, à Marie Stuart, Reine d'Écosse, fille unique de Jacques V, Roi d'Écosse, et de Marie de Lorraine;

Mort, à Orléans, le 5 décembre 1560, sans laisser de postérité.

Peint d'après le portrait qui est au Musée royal.

90. MARIE STUART, Reine de France et d'Écosse, fille unique de Jacques V, Roi d'Écosse, et de Marie de Lorraine,

Née, en 1542;

Mariée, 1° le 24 avril 1558, à François II, Roi de France;

2° Le 29 juillet 1564, à Henri Stuart, Comte de Darnley, son cousin;

3° A Jacques Hesburn, Comte de Bothwel : Décapitée, le 18 février 1587.

(En costume de deuil.)   C. M.

90 bis. LA MÊME.

C. M.

91. CHARLES MAXIMILIEN IX, Roi de France, troisième fils de Henri II, Roi de France, et de Catherine de Médicis,

Né, à Saint-Germain en Laye, le 27 juin 1550;

Marié, à Mézières, le 27 novembre 1570, à

Élisabeth d'Autriche, fille de Maximilien II, Empereur d'Allemagne, et de Marie d'Autriche, sœur de Charles-Quint;

Mort, à Vincennes, le 30 mai 1574.

Peint d'après le portrait qui est au Musée royal.

92. ELISABETH D'AUTRICHE, Reine de France, second fille de Maximilien II, Empereur d'Allemagne, et de Marie d'Autriche,

Née en 1554;

Mariée, à Mézières, le 27 novembre 1570, à Charles IX, Roi de France;

Morte, à Vienne en Autriche, le 22 janvier 1592.

93. MARIE TOUCHET, Duchesse d'Entraigues, Maîtresse de Charles IX, Roi de France, fille de Jean Touchet, lieutenant particulier au présidial d'Orléans, et de Marie Mathy,

Née en 1549;

Mariée, en 1578, à François de Balzac, Seigneur d'Entraigues, Gouverneur d'Orléans;

Morte vers 1620.

Peint d'après un portrait qui est au Musée royal.

94. GASPARD DE COLIGNY, II du nom,
Comte de Coligny, Seigneur de Châtillon-sur-Loing, Colonel-général de l'infanterie Française, et Amiral de France, fils de Gaspard de Coligny, I du nom, Maréchal de France, et de Louise de Montmorency,

Né, à Châtillon-sur-Loing, le 16 février 1517;
Mort, à Paris, le 24 août 1572, dans le massacre de la Saint-Barthélemy.

(Sur bois.) Peint par Gonzales.

95. ANTOINE DE BOURBON, Roi de Navarre, Prince de Béarn, Duc de Vendôme, second fils de Charles de Bourbon, Duc de Vendôme, et de Françoise d'Alençon, veuve de François d'Orléans, II du nom, Duc de Longueville,

Né, au château de La Fère, le 22 avril 1518;
Marié, à Moulins en Bourbonnais, le 20 octobre 1548, à Jeanne d'Albret, Reine de Na-

varre, Princesse de Béarn, Comtesse de Foix, fille unique de Henri d'Albret, II du nom, Roi de Navarre, et de Marguerite d'Orléans (*Marguerite de Valois*), sœur de François Ier, Roi de France;

Mort, aux Andelys, le 17 novembre 1562, des suites de la blessure qu'il avait reçue au siége de Rouen.

(En pied.)   C. M.

95 bis. LE MÊME.

Peint d'après un portrait qui est au Musée Royal.

96. JEANNE D'ALBRET, Reine de Navarre, Princesse de Béarn, Comtesse de Foix, fille de Henri d'Albret, II du nom, Roi de Navarre, et de Marguerite d'Orléans (*Marguerite de Valois*) sœur de François Ier, Roi de France,

Née en 1528;

Mariée, à Moulins, le 20 octobre 1548, à Antoine de Bourbon, Duc de Vendôme, puis Roi de Navarre, second fils de Charles de Bourbon, Duc de Vendôme, et de Françoise d'Alençon, veuve de François d'Orléans, II du nom, Duc de Longueville;

Morte, à Paris, le 9 juin 1572.

Jeanne d'Albret avait été mariée, à l'âge de douze ans, le 15 juillet 1540, à Guillaume, Duc de Clèves; et elle n'habita pas avec lui. Ce mariage fut déclaré nul, deux ans après, par le pape Paul III.

C. M.

96 *bis*. LA MÊME.

(Original du temps.)

96 *ter*. LA MÊME.

Peint d'après un portrait qui est au Musée royal.

97. FRANÇOIS DE BOURBON, Comte d'Enguyen, ou d'Enghien, troisième fils de Charles de Bourbon, Duc de Vendôme, et de Françoise d'Alençon, veuve de François d'Orléans, II du nom, Duc de Longueville,

Né, à La Fère, le 23 septembre 1519;

Tué, le 23 février 1545, au château de la Roche-Guyon, par la chute d'un coffre qui lui tomba sur la tête.

(Peint sur bois.)

98. LOUIS DE BOURBON, I du nom, Prince de Condé, septième fils de Charles de Bourbon, Duc de Vendôme, et de Françoise d'Alençon, veuve de François d'Orléans, II du nom, Duc de Longueville;

Né, à Vendôme, le 7 mai 1530;
Marié, 1° le 22 juin 1551, à Éléonore de Roye, fille aînée et héritière de Charles, Sire de Roye et de Muret, Comte de Roucy, et de Madeleine de Mailly, Dame de Conty;
2° Le 8 novembre 1565, à Françoise d'Orléans-Longueville, fille de François d'Orléans, Duc de Longueville, Marquis de Rothelin, et de Jaqueline de Rohan;
Blessé et fait prisonnier à la bataille de Jarnac, le 13 mars 1569, il fut assassiné par Montesquiou, capitaine des gardes du Duc d'Anjou (depuis Henri III).

(En pied.)   C. M.

99. MARGUERITE DE BOURBON, Duchesse de Nevers, Comtesse d'Eu, seconde fille de Charles de Bourbon, Duc de Vendôme, et de Françoise d'Alençon, veuve de François d'Orléans, II du nom, Duc de Longueville,

Née, à Nogent, le 26 octobre 1516 ;

Mariée, au château du Louvre, le 19 janvier 1538, à François de Clèves, I du nom, Duc de Nevers, Comte d'Eu, fils unique de Charles de Clèves, Comte de Nevers, et de Marie d'Albret, Dame d'Orval;

Morte, au château de la chapelle Damgilon, le 20 octobre 1589.   C. M.

100. SIXTE V (*Félix Peretti*), Pape,

Né, au village des Grottes près du château de Montalte, le 13 décembre 1521 ;

Porta le titre de Cardinal de Montalte ;

Élu Pape le 24 avril 1585 ;

Mort, à Rome, le 27 août 1590.

101. ELISABETH, Reine d'Angleterre, fille de Henri VIII, Roi d'Angleterre, et d'Anne Boleyn, sa seconde femme,

Née le 7 septembre 1533 ;

Morte, sans alliance, le 24 mars 1603.

Peint d'après le portrait qui est au Musée royal.

102. HENRI III, Roi de France et de Pologne, quatrième fils de Henri II, Roi de France, et de Catherine de Médicis,

Né, à Fontainebleau, le 19 septembre 1551;
Marié, à Rheims, le 15 février 1575, à Louise de Lorraine, fille aînée de Nicolas de Lorraine, Comte de Vaudemont, Duc de Mercœur, et de Marguerite d'Egmont, sa première femme;
Mort, assassiné à Saint-Cloud, le 2 août 1589.

Peint d'après le portrait qui est au Musée royal.

103. LOUISE DE LORRAINE, Reine de France, fille aînée de Nicolas de Lorraine, Comte de Vaudemont, et de Marguerite d'Egmont, sa première femme,

Née le 30 avril 1553;
Mariée, à Rheims, le 15 février 1575, à Henri III, Roi de France;
Morte le 29 janvier 1601.

103 bis. LA MÊME.

C. M.

104. FRANÇOIS DE FRANCE, Duc d'Alençon, d'Anjou et de Brabant, cinquième fils de Henri II, Roi de France, et de Catherine de Médicis,

Né le 18 mars 1554;
Mort, sans alliance, à Château-Thierry, le 10 juin 1584.

104 *bis*. LE MÊME.

105. CLAUDE DE FRANCE, Duchesse de Lorraine, deuxième fille de Henri II, Roi de France, et de Catherine de Médicis,

Née, à Fontainebleau, le 12 novembre 1547;
Mariée, le 22 janvier 1558, à Charles III, Duc de Lorraine et de Bar, fils aîné de François, Duc de Lorraine et de Bar, et de Chrétienne de Danemarck, veuve de François Sforce, Duc de Milan;
Morte le 20 février 1574.

C. M.

106. LOUIS DE BOURBON, II du nom, premier Duc de Montpensier, Souverain de Dombes, etc., fils aîné de Louis de

Bourbon, I du nom, Prince de la Roche-sur-Yon, et de Louise de Bourbon, Comtesse de Montpensier, Dauphine d'Auvergne, veuve d'André de Chauvigny, Seigneur de Châteauroux,

Né, à Moulins, le 10 juin 1513;

Marié, 1° au mois d'août 1538, à Jacqueline de Longwic, Comtesse de Bar-sur-Seine, fille puînée et héritière de Jean de Longwic, Seigneur de Givry, et de Jeanne, bâtarde d'Angoulême;

2° Le 4 février 1570, à Catherine de Lorraine, fille de François de Lorraine, Duc de Guise, et d'Anne d'Este-Ferrare;

Mort le 23 septembre 1582.

(En pied.) C. M.

107. JACQUELINE DE LONGWIC, comtesse de Bar-sur-Seine, Duchesse de Montpensier, fille puînée et héritière de Jean de Longwic, Seigneur de Givry, et de Jeanne, bâtarde d'Angoulême,

Née le . . . . . .

Mariée, en août 1538, à Louis de Bourbon,

II du nom, premier Duc de Montpensier, fils aîné de Louis de Bourbon, I du nom, Prince de la Roche-sur-Yon, et de Louise de Bourbon, Comtesse de Montpensier;

Morte, à Paris, le 28 août 1561.

C. M.

108. CATHERINE DE LORRAINE, Duchesse de Montpensier, fille de François de Lorraine, Duc de Guise, et d'Anne d'Este-Ferrare,

Née le 18 juillet 1552;

Mariée, le 4 février 1570, à Louis de Bourbon, II du nom, premier Duc de Montpensier, fils aîné de Louis de Bourbon, I du nom, Prince de la Roche-sur-Yon, et de Louise de Bourbon, Comtesse de Montpensier;

Morte, à Paris, sans enfans, le 6 mai 1596.

C. M.

109. CHARLES DE BOURBON, Prince de la Roche-sur-Yon, second fils de Louis de Bourbon, I du nom, Prince de la Roche-sur-Yon, et de Louise de Bourbon, Comtesse de Montpensier, veuve

d'André de Chauvigny, Seigneur de Châteauroux,

Né le . . . . .
Marié, en 1559, à Philippe de Montespedon, veuve de René, Seigneur de Montejean, Maréchal de France, et fille unique de Joachim de Montespedon, Baron de Chemillé, et de Jeanne de la Haye;
Mort le 10 octobre 1565.

C. M.

110. PHILIPPE DE MONTESPEDON, Dame de Beaupréau, et de Chemillé, Princesse de la Roche-sur-Yon, et Dame d'honneur de la Reine Catherine de Médicis, fille unique de Joachim de Montespedon, Baron de Chemillé et Seigneur de Beaupréau, et de Jeanne de la Haye,

Née en 1530;
Mariée, 1° en 1550, à René, Seigneur de Montejean, Maréchal de France;
2° En 1559, à Charles de Bourbon, Prince de la Roche-sur-Yon, second fils de Louis de Bourbon, I du nom, Prince de la Roche-sur-Yon, et de Louise de Bourbon, Comtesse de

Montpensier, veuve d'André de Chauvigny, Seigneur de Châteauroux;

Morte le 12 avril 1578.

Peint d'après un portrait qui est au Musée royal.

111. HENRI DE LORRAINE, I du nom, Duc de Guise (surnommé *le Balafré*), Prince de Joinville, Comte d'Eu, Pair et Grand-Maître de France, fils aîné de François de Lorraine, Duc de Guise, et d'Anne d'Este-Ferrare,

Né le 31 décembre 1550;

Marié, à Paris, en septembre 1570, à Catherine de Clèves, Comtesse d'Eu, veuve d'Antoine de Croy, Prince de Porcéan, et deuxième fille de François de Clèves, I du nom, Duc de Nevers, et de Marguerite de Bourbon-Vendôme;

Mort, à Blois, le 23 décembre 1588.

(En pied.)   C. M.

111 *bis*. LE MÊME.   C. M.

112. CATHERINE DE CLÈVES, Duchesse de Guise, Comtesse d'Eu, seconde fille

de François de Clèves, I du nom, Duc de Nevers, Comte d'Eu, et de Marguerite de Bourbon-Vendôme,

Née en 1548;

Mariée, 1° à Antoine de Croy, Marquis de Raynel et Prince de Porcéan, fils de Charles de Croy, Prince de Porcéan;

2° En septembre 1570, à Henri de Lorraine (*le Balafré*), Duc de Guise, fils aîné de François de Lorraine, Duc de Guise, et d'Anne d'Este-Ferrare;

Morte, à Paris, le 11 mai 1633.

(En pied.)   C. M.

113. CHARLES DE LORRAINE, Duc de Mayenne, Pair et grand Chambellan de France, second fils de François de Lorraine, Duc de Guise, et d'Anne d'Este-Ferrare,

Né, à Alençon, le 26 mars 1554;

Marié, par contrat du 23 juillet 1576, à Henriette de Savoye, Marquise de Villars, Comtesse de Tende et de Sommerive, veuve de Melchior des Prez, Seigneur de Montpezat, Sénéchal de Poitou, fille unique d'Honorat de Savoie, II du nom, Marquis de Villars, Comte de Tende, Maréchal et Amiral de France, et de Françoise de Foix;

Mort, à Soissons, le 4 octobre 1611.

C. M.

114. LOUIS DE LORRAINE, Cardinal de Guise, Archevêque de Rheims, Duc et Pair de France, troisième fils de François de Lorraine, Duc de Guise, et d'Anne d'Este-Ferrare,

Né, à Dampierre, le 6 juillet 1555;
Mort, à Blois, le 24 décembre 1588.

C. M.

115. CHARLES-EMMANUEL DE SAVOYE, Duc de Nemours, gouverneur du Lyonnais, du Forez et du Beaujolais, fils aîné de Jacques de Savoye, Duc de Nemours, et d'Anne d'Este-Ferrare, veuve de François de Lorraine, Duc de Guise,

Né, au château de Nanteuil, en février 1567;
Mort sans alliance, à Annecy, en juillet 1595.

116. FRANÇOIS DE BOURBON, Duc de Montpensier, de Châtellerault et Souverain de Dombes, fils aîné de Louis de Bourbon, II du nom, Duc de Montpensier et de Jacqueline de Longwic,

Né en 1542;

Marié, en 1566, à Renée d'Anjou, Marquise de Mézières, Comtesse de Saint-Fargeau, fille unique de Nicolas d'Anjou, Marquis de Mézières, Comte de Saint-Fargeau et de Gabrielle de Mareuil;

Mort, à Lisieux, le 4 juin 1592.

(En pied.)   C. M.

116 bis. LE MÊME.   C. M.

117. RENÉE D'ANJOU, Duchesse de Montpensier, Marquise de Mézières, Dame de Saint-Fargeau, fille unique et héritière de Nicolas d'Anjou, Marquis de Mézières, Comte de Saint-Fargeau, et de Gabrielle de Mareuil,

Née le 21 octobre 1550;

Mariée, en 1566, à François de Bourbon, Duc de Montpensier, fils aîné de Louis de Bourbon, II du nom, Duc de Montpensier, et de Jacqueline de Longwic ;

Morte vers 1574.

C. M.

18. MARIE DE BATARNAY-BOUCHAGE, Vicomtesse de Joyeuse, fille de René de Batarnay, Comte de Bouchage, et d'Isabelle de Savoye-Tende,

Née le 27 août 1539 ;

Mariée, en 1561, à Guillaume, II du nom, Vicomte de Joyeuse, Maréchal de France, second fils de Jean de Joyeuse, Seigneur de Saint-Sauveur, et de Françoise de Voisins, Baronne d'Arques ;

Morte, à Toulouse, le 24 juillet 1595.

C. M.

19. JEAN-LOUIS DE NOGARET DE LA VALETTE, Duc d'Epernon, Pair et Amiral de France, Colonel-Général de l'infanterie française, second fils de Jean de Nogaret, Seigneur de La Valette, et

de Jeanne de Saint-Lary de Bellegarde,

Né en mai 1554;

Marié, au château de Vincennes, le 22 août 1587, à Marguerite de Foix, Comtesse de Candale et d'Astarac, fille aînée de Henri de Foix, Comte de Candale, et de Marie de Montmorency;

Mort, à Loches, le 13 janvier 1642.

Peint d'après le portrait qui est au Musée royal.

120. ANNE, Duc de Joyeuse, Pair et Amiral de France, fils aîné de Guillaume, II du nom, Vicomte de Joyeuse, Maréchal de France, et de Marie de Batarnay-Bouchage,

Né en 1561;

Marié, le 24 septembre 1581, à Marguerite de Lorraine, fille de Nicolas de Lorraine, Duc de Mercœur, et de Jeanne de Savoye-Nemours, sa seconde femme;

Blessé et tué de sang-froid à la bataille de Coutras, le 20 octobre 1587.

C. M.

121. HENRI DE JOYEUSE, Comte de

Bouchage, puis Duc de Joyeuse, Pair et Maréchal de France, troisième fils de Guillaume, II du nom, Vicomte de Joyeuse, Maréchal de France, et de Marie de Batarnay-Bouchage,

Né, à Toulouse, en 1567;

Marié, le 28 novembre 1581, à Catherine de Nogaret de La Valette, fille de Jean de Nogaret. Seigneur de la Valette, et de Jeanne de Saint-Lary de Bellegarde;

Il se fit capucin après la mort de sa femme, en 1587, sous le nom de *Frère Ange;* quitta le froc après la mort de son frère le Grand Prieur, pour se mettre à la tête de la Ligue etle reprit en 1599;

Mort, à Rivoli, le 28 septembre 1608.

C. M.

122. CATHERINE DE NOGARET DE LA VALETTE, Duchesse de Joyeuse, fille de Jean de Nogaret, Seigneur de La Valette, et de Jeanne de Saint-Lary de Bellegarde,

Née en . . . . .

Mariée, le 28 novembre 1581, à Henri de Joyeuse, Comte de Bouchage, puis Duc de Joyeuse, Pair et Maréchal de France, troisième fils de Guillaume, II du nom, Vicomte de Joyeuse, Maréchal de France, et de Marie de Batarnay-Bouchage ;

Morte, à Paris, le 12 août 1587.

C. M.

123. CLAUDE DE JOYEUSE, Seigneur de Saint-Sauveur, quatrième fils de Guillaume, II du nom, Vicomte de Joyeuse, Maréchal de France, et de Marie de Batarnay-Bouchage ;

Né vers 1570 ;

Tué, à Coutras, le 20 octobre 1587, sans avoir été marié.

C. M.

124. PHILIPPE EMMANUEL DE LORRAINE, Duc de Mercœur, et de Penthièvre, Pair de France, fils de Nicolas de Lorraine, comte de Vaudemont, puis Duc de Mercœur, et de Jeanne de Savoye-Nemours, sa seconde femme,

Né le 9 septembre 1558;

Marié, à Paris, le 12 juillet 1575, à Marie de Luxembourg, Duchesse de Penthièvre, fille unique et héritière de Sébastien de Luxembourg, Duc de Penthièvre, Pair de France, et de Marie de Beaucaire Puy-Guillon;

Mort, à Nuremberg, le 19 février 1602.

C. M.^{r}

125. HENRI IV, Roi de France et de Navarre, second fils d'Antoine de Bourbon, Roi de Navarre, Duc de Vendôme, et de Jeanne d'Albret, Reine de Navarre,

Né, au château de Pau, le 13 décembre 1553;

Marié, 1° à Paris, le 18 août 1572, à Marguerite de France, Duchesse de Valois, troisième fille de Henri II, Roi de France, et de Catherine de Médicis. (Ce mariage fut déclaré nul, le 17 décembre 1599);

2° A Lyon, le 27 décembre 1600, à Marie de Médicis, fille aînée de François-Marie de Médicis, grand Duc de Toscane, et de Jeanne, Archiduchesse d'Autriche;

Mort, à Paris, le 14 mai 1610.

(En pied.) Peint d'après Porbus.

126. MARGUERITE DE FRANCE, Duchesse de Valois, Reine de France et de Navarre, troisième fille de Henri II, Roi de France et de Catherine de Médicis,

Née le 14 mai 1553;

Mariée, à Paris, le 18 août 1572, à Henri de Bourbon, Roi de Navarre, depuis Henri IV, Roi de France et de Navarre. (Ce mariage fut déclaré nul, le 17 décembre 1599);

Morte, à Paris, le 27 mars 1615.

Peint d'après un portrait qui est au Musée royal.

127. MARIE DE MÉDICIS, Reine de France et de Navarre, fille aînée de François-Marie de Médicis, I du nom, grand Duc de Toscane, et de Jeanne Archiduchesse d'Autriche,

Née le 26 avril 1575;

Mariée, à Lyon, le 27 décembre 1600, à Henri IV, Roi de France et de Navarre;

Morte, à Cologne, le 3 juillet 1642;

(En pied et assise.)

On voit dans le fond du tableau la ville de Cologne.

C. M.

127 *bis*. LA MÊME.

C. M.

127 *ter*. LA MÊME.

(En pied.)

128. CATHERINE DE BOURBON, Princesse de Navarre, Duchesse d'Albret et de Bar, fille d'Antoine de Bourbon, Roi de Navarre et de Jeanne d'Albret, Reine de Navarre,

    Née, à Paris, le 7 février 1558 ;

    Mariée, le 30 janvier 1599, à Henri de Lorraine, Duc de Bar, fils aîné de Charles III, Duc de Lorraine et de Bar, et de Claude de France ;

    Morte, à Nancy, le 13 février 1604, sans postérité.

129. HENRI DE BOURBON, I du nom, Prince de Condé, Duc d'Enguyen, gouverneur de la Picardie, fils aîné de Louis de Bourbon, I du nom, et d'Éléonore de Roye, sa première femme,

Né, à La Ferté-sous-Jouarre, le **29 décembre 1552**;

Marié, 1° à Blandy près Melun, au mois de juillet 1572, à Marie de Clèves, Marquise d'Isles, Comtesse de Beaufort en Champagne, fille puînée de François de Clèves, I du nom, Duc de Nevers, et de Marguerite de Bourbon-Vendôme;

2° A Saint-Jean-d'Angely, le 16 mars 1586, à Charlotte-Catherine de La Tremoille, fille de Louis, III du nom, Seigneur de La Tremoille, Duc de Thouars, et de Jeanne de Montmorency;

Mort, à Saint-Jean-d'Angely, le 5 mars 1588.

Peint d'après un portrait de la collection de Condé, qui appartient à S. A. R. le Duc d'Aumale.

130. FRANÇOIS DE BOURBON, Prince de Conty, Souverain de Château-Regnault, Seigneur de Bonnestable et de Lucé, etc., troisième fils de Louis de Bourbon, I du nom, Prince de Condé, et d'Éléonore de Roye, sa première femme,

Né, à La Ferté-sous-Jouarre, le 19 août 1558;

Marié, 1° en janvier 1582, à Jeanne de Coëmé, Dame de Bonnestable et de Lucé, veuve de

Louis, Comte de Montafié, et fille unique de Louis de Coëme, Seigneur de Lucé et d'Anne de Pisseleu ;

2° Le 24 juillet 1605, à Louise-Marguerite de Lorraine, fille de Henri de Lorraine, I du nom, Duc de Guise (*le Balafré*), et de Catherine de Clèves, Comtesse d'Eu ;

Mort, à Paris, sans postérité, le 3 août 1614.

Peint sur bois.

131. MAXIMILIEN DE BÉTHUNE, I du nom, Duc de Sully, Pair, Ministre, Grand-Maître de l'artillerie et Maréchal de France, Prince souverain d'Enrichemont, et de Boisbelle, Marquis de Rosny second fils de François de Béthune, Baron de Rosny, et de Charlotte Dauvet, Dame de Rieux,

Né, à Rosny, le 13 décembre 1559 ;
Marié, 1° le 4 octobre 1583, à Anne de Courtenay, seconde fille de François de Courtenay, Seigneur de Bontin, et de Louise de Jaucourt ;

2° Le 18 mai 1592, à Rachel de Cochefilet, veuve de François Hurault, Seigneur de Chateaupers, et fille de Jacques de Cochefilet, Seigneur de Vaucelas, et de Marie Arbaleste;

Mort, au château de Villebon, le 21 décembre 1641.

132. CHARLES DE GONTAUT, Duc de Biron, Pair, Amiral et Maréchal de France, fils aîné d'Armand de Gontaut, Seigneur et Baron de Biron, Maréchal de France, et de Jeanne, Dame d'Ornesan et de Saint-Blancard,

Né . . . . .
Décapité, à Paris, le 31 juillet 1602.

Peint d'après le portrait qui est au Musée royal.

133. URBAIN DE MONTMORENCY-LAVAL, I du nom, Marquis de Sablé, Seigneur de Bois-Dauphin, Maréchal de France, fils aîné de René de Laval, II du nom, Seigneur de Bois-Dauphin, et de Jeanne de Lenoncourt, sa seconde femme,

Né en 1557;

Marié en . . . . . à Madeleine de Montecler, Dame de Bourgon;

Mort le 27 mars 1629.

Peint d'après un portrait qui est dans la collection du château de Beauregard.

134. PONS DE LAUZIÈRES DE THÉMINES DE CARDAILLAC, Marquis de Thémines, Maréchal de France, second fils de Jean, Seigneur de Lauzières, de Ceiras et de Thémines, et d'Anne de Puymisson,

Né . . . . .

Marié, 1° le . . . . . à Catherine d'Ébrard de Saint-Sulpice, fille de Jean d'Ébrard, Seigneur de Saint-Sulpice, et de Claude de Gontaut;

2° En septembre 1622, à Marie de La Noüe, fille de François, Seigneur de La Noüe (dit *Bras de fer*);

Mort, à Auray, le 1er novembre 1627, âgé de soixante-quatorze ans.

Peint d'après un portrait qui est dans la collection du château de Beauregard.

135. CHARLES DE BLANCHEFORT, sire

de Créquy, Prince de Poix, Duc de Lesdiguières, Pair et Maréchal de France, Gouverneur du Dauphiné, fils d'Antoine de Blanchefort, Seigneur de Saint-Janvrin, et de Chrétienne d'Aguerre,

Né . . . . .

Marié, 1° le 24 mars 1595, à Madeleine de Bonne, fille de François, Duc de Lesdiguières, Pair et Connétable de France, et de Claudine de Bérenger, sa première femme;

2° Le 13 décembre 1623, à Françoise de Bonne, sa belle-sœur;

Tué d'un coup de canon, le 17 mars 1638, en voulant secourir la ville de Brême assiégée par les Espagnols.

Peint d'après le portrait qui est dans la galerie du palais de Versailles.

136. GASPARD DE COLIGNY, III du nom, Comte de Coligny, Seigneur de Châtillon-sur-Loing, Amiral de Guyenne, maréchal de France, second fils de François de Coligny, Seigneur de Châtillon-sur-Loing, Amiral de Guyenne, Colonel-Gé-

néral de l'infanterie Française, et de Marguerite d'Ailly

Né le 26 juillet 1584 ;

Marié, le 13 août 1615, à Anne de Polignac, fille de Gabriel de Polignac, Seigneur de Saint-Germain, et d'Anne de Valsergues ;

Mort, au château de Châtillon, le 4 janvier 1646.

Peint d'après le portrait qui est dans la galerie du Palais de Versailles.

137. HENRI DE ROHAN, II du nom, premier Duc de Rohan, Prince de Léon, Comte de Porrhoët, etc. Colonel-Général des Suisses et Grisons, chef des Protestans en France, fils de René, II du nom, Vicomte de Rohan, et de Catherine de Parthenay, Dame de Soubise,

Né, au château de Blain en Bretagne, le 21 août 1579 ;

Marié, à Paris, le 7 février 1605, à Marguerite de Béthune, fille aînée de Maximilien de Béthune, I du nom, Duc de Sully, et de Rachel de Cochefilet, sa seconde femme ;

Mort, le 13 avril 1638, dans l'abbaye de Cunefeld, canton de Berne, par suite des blessures qu'il avait reçues à la première bataille de Rhinfeld, le 28 février précédent.

138. **JACQUELINE DE BUEIL**, Comtesse de Moret, fille aînée de Claude de Bueil, Seigneur de Courcillon et de la Marchère, et de Catherine de Montecler,

Née vers 1580;

Mariée, 1° à Philippe de Harlay, Comte de Césy. (Ce mariage fut déclaré nul);

2° En 1617, à René du Bec, II du nom, Marquis de Vardes, Gouverneur de la Capelle, second fils de René du Bec, Marquis de Vardes et de la Brosse, et Chevalier des Ordres du Roi, et de Hélène d'O, veuve de François de Roncherolles, sa première femme;

Morte . . . . .

Avant son mariage, elle était la maîtresse de de Henri IV, dont elle eut un fils, Antoine de Bourbon, Comte de Moret, né en 1607, légitimé en 1608, et qui fut tué d'un coup de mousquet, au combat de Castelnaudary, le 1er septembre 1632.

Peint sur bois.

139. **ISABELLE-CLAIRE-EUGÉNIE D'AU-**

TRICHE, Infante d'Espagne, Souveraine des Pays-Bas, fille de Philippe II, Roi d'Espagne, et d'Élisabeth de France, sa troisième femme,

Née le 12 août 1566;

Mariée, en 1599, à Albert VII, Archiduc d'Autriche, sixième fils de Maximilien II, Empereur d'Allemagne, et de Marguerite d'Autriche;

Morte, sans postérité, le 1er décembre 1633.

(D'après Vandyck.)

140. PHILIPPE III, Roi d'Espagne, second fils de Philippe II, Roi d'Espagne, et d'Anne d'Autriche, fille de l'Empereur Maximilien II, sa quatrième femme,

Né, à Madrid, le 14 avril 1578;

Marié, le 18 avril 1599, à Marguerite d'Autriche, fille de Charles d'Autriche, II du nom, Archiduc de Gratz, et de Marie, fille d'Albert, Duc de Bavière;

Mort le 31 mars 1621.

Peint d'après le portrait qui est au Musée royal.

141. AMBROISE, Marquis de Spinola, gé-

néral des armées Espagnoles, sous les Rois Philippe III, et Philippe IV,

Né, à Gênes, en 1571;

Mort, à Castel-Nuovo di Scrivia, en 1630.

(En pied.)

142. FRANÇOIS DE MONCADE, III du nom, Marquis d'Aytona, Comte d'Ossuna, Grand-Sénéchal d'Aragon, Conseiller d'état de guerre, Ambassadeur à la Cour de Vienne, généralissime des armées Espagnoles dans les Pays-Bas, sous les ordres de l'Infante Isabelle, fils aîné de Gaston de Moncade, II du nom, Marquis d'Aytona, Grand-Sénéchal d'Aragon, et de Catherine de Moncade, Dame de Callaura et Taurena,

Né, à Valence, en 1586;

Marié, le . . . . . à Marguerite de Castro et Alagon, fille et héritière de Marsini d'Alagon, Baron d'Alfara, et d'Étiennette de Castro, Baronne de la Laguna;

Mort, au camp de Glock, dans le duché de Clèves, en 1635.

(En pied.)

143. GUSTAVE-ADOLPHE, II du nom, Roi de Suède, fils de Charles IX, Roi de Suède, et de sa seconde femme Christine, fille d'Adolphe, héritier de Norwège, Duc de Sleswic et Holstein, et de Christine, fille de Philippe, Landgrave de Hesse,

Né le 9 décembre 1594;
Marié, le 25 novembre 1622, à Marie Éléonore, fille de Jean Sigismond, Électeur de Brandebourg, et d'Anne de Brandebourg;
Tué, à la bataille de Lutzen, le 16 novembre 1632.

Peint d'après le portrait qui est dans la galerie du Palais de Versailles.

144. JEAN-JACQUES DE MESMES, II du nom, Chevalier, Seigneur de Roissy, Conseiller au parlement, Maître des requêtes, Conseiller d'État, Doyen de tous les Conseils, fils de Henri de Mesmes, I du nom, Seigneur de Roissy, Conseiller d'État, Chancelier du Royaume de Navarre et de la Reine Louise, veuve

de Henri III, Roi de France, et de Jeanne Hennequin,

Né le . . . . .

Marié, le 25 août 1584, à Antoinette de Grossaine, fille unique de Jérôme de Grossaine, Seigneur d'Avaux et d'Irval;

Mort le 31 octobre 1642.

145. HENRI DE BOURBON, dernier Duc de Montpensier, de Châtellerault et de Saint-Fargeau, Souverain de Dombes, etc., fils unique de François de Bourbon, Duc de Montpensier, et de Renée d'Anjou, Marquise de Mézières, Comtesse de Saint-Fargeau,

Né, à Mézières, le 12 mai 1573;

Marié, le 15 mai 1597, à Henriette-Catherine de Joyeuse, Duchesse de Joyeuse, fille unique et héritière de Henri, Duc de Joyeuse, Comte de Bouchage, Maréchal de France, et de Catherine de Nogaret de La Valette;

Mort, à Paris, le 27 février 1608.

C. M.

145 bis. LE MÊME. C. M.

146. HENRIETTE - CATHERINE DE JOYEUSE, Duchesse de Joyeuse, de Montpensier et de Guise, Comtesse de Bouchage, fille unique de Henri, Duc de Joyeuse, Comte de Bouchage, Maréchal de France, et de Catherine de Nogaret de La Valette,

Née le 8 janvier 1585 ;

Mariée, 1° le 15 mai 1597, à Henri de Bourbon, Duc de Montpensier, fils unique de François de Bourbon, Duc de Montpensier, et de Renée d'Anjou, Marquise de Mézières, Comtesse de Saint-Fargeau ;

2° En 1611, à Charles de Lorraine, Duc de Guise, fils aîné de Henri de Lorraine, Duc de Guise (*le Balafré*), et de Catherine de Clèves, Comtesse d'Eu ;

Morte, à Paris, le 25 février 1656.

(En pied.) C. M.

146 bis. LA MÊME. C. M.

147. CHARLES DE LORRAINE, Duc de Guise et de Joyeuse, Prince de Joinville, Comte d'Eu, Pair et Grand Maître de

France, fils aîné de Henri de Lorraine, I du nom, Duc de Guise (le *Balafré*) et de Catherine de Clèves, Comtesse d'Eu,

Né le 20 août 1571;

Marié, en 1611, à Henriette-Catherine de Bourbon, Duchesse de Joyeuse et de Montpensier, veuve de Henri de Bourbon, Duc de Montpensier, et fille unique de Henri, Duc de Joyeuse, Comte de Bouchage, Maréchal de France, et de Catherine de Nogaret de La Valette;

Mort le 30 septembre 1640.

(En pied.)   C. M.

148. LOUIS DE LORRAINE (*dernier*), Cardinal de Guise, Archevêque, Duc de Rheims, Pair de France, troisième fils de Henri de Lorraine, I du nom, Duc de Guise (le *Balafré*), et de Catherine de Clèves, Comtesse d'Eu,

Né le 22 janvier 1575;
Mort, à Saintes, le 21 juin 1621.

C. M.

149. CLAUDE DE LORRAINE, Duc de

Chevreuse, Pair, Grand-Chambellan et Grand-Fauconnier de France, cinquième fils de Henri de Lorraine, I du nom, Duc de Guise (le *Balafré*), et de Catherine de Clèves, Comtesse d'Eu,

Né le 5 juin 1578;

Marié, en 1622, à Marie de Rohan, veuve de Charles d'Albert, Duc de Luynes, Pair et Connétable de France, et fille aînée d'Hercule de Rohan, Duc de Montbazon, Pair et Grand-Veneur de France, et de Madeleine de Lenoncourt, Dame de Coupevray, sa première femme;

Mort, à Paris, le 24 janvier 1657.

C. M.

150. MARIE DE ROHAN, Duchesse de Luynes et de Chevreuse, fille aînée d'Hercule de Rohan, Duc de Montbazon, Pair et Grand-Veneur de France, et de Madeleine de Lenoncourt, Dame de Coupevray, sa première femme,

Née en décembre 1600;

Mariée, 1° le 11 septembre 1617, à Charles-d'Albert, Duc de Luynes, Pair et Connétable de France;

2° En 1622, à Claude de Lorraine, Duc de Chevreuse, Pair, Grand-Chambellan et Grand-Fauconnier de France, cinquième fils de Henri de Lorraine, I du nom, Duc de Guise (*le Balafré*), et de Catherine de Clèves, Comtesse d'Eu;

Morte le 12 août 1679;

C. M.

151. FRANÇOIS-ALEXANDRE-PARIS DE LORRAINE, Chevalier de Guise, fils posthume de Henri de Lorraine, Duc de Guise (*le Balafré*), et de Catherine de Clèves, Comtesse d'Eu,

Né en 1589;

Tué au château de Baux près de Tarascon, de l'éclat d'un canon qui creva comme il y mettait le feu, le 1er juin 1614.

C. M.

152. FRANÇOIS II, d'abord Comte de Vaudemont, puis Duc de Lorraine et de Bar, troisième fils de Charles III, Duc de Lorraine et de Bar, et de Claude de France,

Né le 27 février 1572;

Marié, le 12 mars 1597, à Catherine, Comtesse de Salms, fille unique de Paul, Comte de Salms, et de Marie Leveneur-Tillières.

Mort le 15 octobre 1632.

C. M.

153. CHRISTINE DE LORRAINE, Grande-Duchesse de Toscane, fille aînée de Charles III, Duc de Lorraine et de Bar, et de Claude de France,

Née le 6 août 1565;

Mariée, le 30 avril 1589, à Ferdinand de Médicis, I du nom, grand Duc de Toscane, second fils de Côme de Médicis, I du nom, grand Duc de Toscane, et d'Éléonore de Tolède, sa première femme;

Morte le 19 décembre 1637.

Peint d'après un portrait qui est au Musée royal.

154. CATHERINE DE LORRAINE, Abbesse de Remiremont, quatrième fille de Charles III, duc de Lorraine et de Bar, et de Claude de France,

Née, à Nancy, le 3 novembre 1573;

Morte, à Paris, le 7 mars 1648.

C. M.

155. HENRI DE LORRAINE, Duc de Mayenne et d'Aiguillon, Pair et Grand Chambellan de France, fils aîné de Charles de Lorraine, Duc de Mayenne, et de Henriette de Savoye,

Né, à Dijon, le 20 septembre 1578.
Marié, en 1599, à Henriette de Gonzague-Clèves, Princesse de Mantoue, seconde fille de Louis de Gonzague, Prince de Mantoue, et de Henriette de Clèves, Duchesse de Nevers;
Tué, au siége de Montauban, d'un coup de mousquet dans l'œil, le 17 septembre 1621.

C. M.

156. CHARLES-EMMANUEL DE LORRAINE, Comte de Sommerive, second fils de Charles de Lorraine, Duc de Mayenne, et de Henriette de Savoye.

Né, à Grenoble, le 19 octobre 1581;
Mort, sans alliance à Naples, le 14 septembre 1609.

C. M.

157. CATHERINE DE LORRAINE, Duchesse de Nevers, puis Duchesse de Mantoue et de Monferrat, fille aînée de Charles de Lorraine, Duc de Mayenne, et de Henriette de Savoye,

Née vers 1585;
Mariée, à Soissons, en février 1599, à Charles de Gonzague, Duc de Nevers, Pair de France, puis Duc de Mantoue et de Montferrat, troisième fils de Louis de Gonzague, Duc de Nevers, et de Henriette de Clèves, Duchesse de Nevers et de Rethel;
Morte, à Paris, le 8 mars 1618, à l'âge de 33 ans.

C. M.

158. RENÉE DE LORRAINE. Duchesse d'Ognano, seconde fille de Charles de Lorraine, Duc de Mayenne, et de Henriette de Savoye,

Née le . . . . .
Mariée, en 1613, à Marie Sforce, Duc d'Ognano, et Comte de Santafiore;
Morte, à Rome, le 23 septembre 1638.

C. M.

159. HENRI DE BOURBON, II du nom, Prince de Condé, premier Prince du sang, Pair et Grand-Maître de France, Duc d'Enghien, etc, fils unique et posthume de Henri de Bourbon, I du nom, Prince de Condé, et de Charlotte-Catherine de La Trémouille, sa seconde femme,

Né, à Saint-Jean-d'Angely, le 1er septembre 1588;

Marié, le 3 mars 1609, à Charlotte-Marguerite de Montmorency, fille puînée de Henri, I du nom, Duc de Montmorency, Pair et Connétable de France, et de Louise de Budos, sa seconde femme;

Mort, à Paris, le 26 décembre 1646.

Peint sur bois.

160. CHARLOTTE - MARGUERITE DE MONTMORENCY, Princesse de Condé, fille puînée de Henri, I du nom, Duc de Montmorency, Pair et Connétable de France, et de Louise de Budos, sa seconde femme,

Née en 1593;

Mariée, le 3 mars 1609, à Henri de Bourbon, II du nom, Prince de Condé, fils unique et posthume de Henri de Bourbon, I du nom, Prince de Condé, et de Charlotte-Catherine de La Trémouille, sa seconde femme;

Morte, à Châtillon-sur-Loing, le 2 décembre 1650.

(En pied.) C. M.

161. ÉLÉONORE DE BOURBON, Princesse d'Orange, fille de Henri de Bourbon, I du nom, Prince de Condé, et de Charlotte-Catherine de La Trémouille, sa seconde femme,

Née le 30 avril 1587;

Mariée, en 1606, à Philippe-Guillaume de Nassau, Prince d'Orange, fils aîné de Guillaume de Nassau, IX du nom, Prince d'Orange, et d'Anne d'Egmond, sa première femme;

Morte, au château de Muret, sans postérité, le 20 janvier 1619.

162. LOUIS XIII, Roi de France et de Navarre, fils aîné de Henri IV, Roi de

France et de Navarre, et de Marie de Médicis, sa seconde femme.

Né, à Fontainebleau, le 27 septembre 1601;

Marié, à Bordeaux, le 24 novembre 1615, à Anne d'Autriche, Infante d'Espagne, fille aînée de Philippe III, Roi d'Espagne et de Marguerite d'Autriche;

Mort, à Saint-Germain en Laye, le 14 mai 1643.

(En pied.) Peint par Ph. de Champaigne.

162 bis. LE MÊME, enfant,

Il est représenté avec son frère N.... de France, duc d'Orléans.

C. M.

162 ter. LE MÊME, enfant,

Il est représenté avec ses deux frères, N.... de France, Duc d'Orléans, et Gaston, Duc d'Anjou, puis Duc d'Orléans.

C. M.

163. ANNE D'AUTRICHE, Infante d'Espagne, Reine de France et de Navarre, fille aînée de Philippe III, Roi d'Espagne, et de Marguerite d'Autriche;

Née, à Valladolid, le 22 septembre 1601 ;
Mariée, à Bordeaux, le 24 novembre 1615,
à Louis XIII, Roi de France et de Navarre ;
Morte, au Louvre à Paris, le 20 janvier 1666.

(En pied.)   C. M

163 *bis*. LA MÊME.

163 *ter*. LA MÊME.   C. M.

164. N..... DE FRANCE, Duc d'Orléans, second fils de Henri IV, Roi de France et de Navarre, et de Marie de Médicis, sa seconde femme,

Né, à Fontainebleau, le 16 avril 1607 ;
Mort, à Saint-Germain en Laye, le 17 novembre 1611, sans avoir été nommé.

Il est représenté avec ses deux frères, Louis XIII et Gaston, Duc d'Anjou, puis Duc d'Orléans.

C. M.

164 *bis*. LE MÊME,

Il est représenté avec son frère Louis XIII.

165. GASTON - JEAN - BAPTISTE DE

FRANCE (Monsieur), d'abord Duc d'Anjou, puis Duc d'Orléans, de Chartres, de Valois et d'Alençon, Comte de Blois, de Monthléry et de Limours, Seigneur de Montargis, troisième fils de Henri IV, Roi de France et de Navarre, et de Marie de Médicis sa seconde femme.

Né, à Fontainebleau, le 25 avril 1608;

Marié, 1° à Nantes, le 6 août 1626, à Marie de Bourbon, Duchesse de Montpensier, fille unique et héritière de Henri de Bourbon, Duc de Montpensier, et de Henriette-Catherine, Duchesse de Joyeuse;

2° A Nancy, le 31 janvier 1632, à Marguerite de Lorraine, fille puînée de François II, Duc de Lorraine et de Bar, et de Catherine, Comtesse de Salms;

Mort, à Blois, le 2 février 1660.

(En pied.)   c. m.

165 *bis*. LE MÊME.   C. M.

165 *ter*. LE MÊME.

(Gouache.) C. M.

165 4°. LE MÊME.

(Equestre.) Sur marbre. C. M.

165 5°. LE MÊME.

(Avec ses deux frères.) C. M.

165 6°. LE MÊME.

Peint d'après le portrait de Vandick qui est au Palais-Royal, et qui a été donné au Roi par le Roi d'Angleterre George IV.

166. MARIE DE BOURBON-MONTPENSIER, Duchesse de MONTPENSIER, en son propre droit, Dauphine d'Auvergne, Souveraine de Dombes, Duchesse d'Orléans, fille unique et héritière de Henri de Bourbon, Duc de Montpensier, et de Henriette-Catherine, Duchesse de Joyeuse,

Née, au château de Gaillon, le 15 octobre 1605 ;

Mariée, à Nantes, par le Cardinal de Richelieu, le 6 août 1626, à Gaston Jean-Baptiste de France, Duc d'Orléans, troisième fils de Henri IV, Roi de France et de Navarre, et de Marie de Médicis, sa seconde femme;

Morte en couches, au Louvre, à Paris, le 4 juin 1627.

(En pied.)

166 *bis*. LA MÊME.   C. M.

166 *ter*. LA MÊME.   C. M.

Peint par Mignard.

167. MARGUERITTE DE LORRAINE, Duchesse d'Orléans, fille puînée de François II, Duc de Lorraine et de Bar, et de Catherine, Comtesse de Salms,

Née en 1613;

Mariée, à Nancy, le 31 janvier 1632, à Gaston Jean-Baptiste de France, Duc d'Orléans, troisième fils de Henri IV, Roi de France et de Navarre, et de Marie de Médicis, sa seconde femme;

Morte, à Paris, au Palais d'Orléans, le 3 avril 1672.

Peint d'après le portrait qui est au Musée royal.

168. ÉLISABETH DE FRANCE, Reine d'Espagne, fille aînée de Henri IV, Roi de France et de Navarre, et de Marie de Médicis, sa seconde femme,

Née, à Fontainebleau, le 22 novembre 1602;
Mariée, par procuration dans l'église de Bordeaux, le 18 octobre 1615, à Philippe IV, Roi d'Espagne, fils de Philippe III, Roi d'Espagne, et de Marguerite d'Autriche;
Morte, à Madrid, le 6 octobre 1644.

C. M.

168 *bis*. LA MÊME.

D'après Rubens.

168 *ter*. LA MÊME.

Peint d'après le portrait qui est au Musée royal.

169. CHRISTINE DE FRANCE, Duchesse de Savoye, seconde fille de Henri IV, Roi de France et de Navarre, et de Marie de Médicis, sa seconde femme,

Née, au Louvre, à Paris, le 10 février 1606;
Mariée, le 10 février 1619, à Victor-Amédée,

I du nom, Duc de Savoye, second fils de Charles-Emmanuel, Duc de Savoye, et de Catherine d'Autriche;

Morte, à Turin, le 27 décembre 1663.

C. M.

170. CHARLES Ier, Roi d'Angleterre, d'Écosse et d'Irlande, troisième fils de Jacques Ier, Roi d'Angleterre, et d'Anne de Danemarck,

Né, à Dumferling, en Écosse, le 19 novembre 1600;

Marié, dans l'église Notre-Dame de Paris, le 11 mai 1625, à Henriette-Marie de France, troisième fille d'Henri IV, Roi de France et de Navarre, et de Marie de Médicis, sa seconde femme;

Mort le 30 janvier 1649.

Peint d'après un portrait qui est au Palais-Royal.

171. HENRIETTE-MARIE DE FRANCE, Reine d'Angleterre, troisième fille de Henri IV, Roi de France et de Navarre, et de Marie de Médicis, sa seconde femme,

Née, au Louvre, à Paris, le 25 novembre 1609;

Mariée, dans l'église Notre-Dame de Paris, le 11 mai 1625, à Charles Ier, Roi d'Angleterre, troisième fils de Jacques Ier, Roi d'Angleterre, et d'Anne de Danemarck;

Morte, à Colombes près Paris, le 10 septembre 1669.

(En pied.)   C. M.

171 *bis*. LA MÊME.

    C. M.

171 *ter*. LA MÊME.

Peint sur bois par Ducuyer.

171 4°. LA MÊME.

Peint d'après le portrait qui est au Musée royal.

172. FERDINAND D'AUTRICHE, Cardinal, Infant d'Espagne, Archevêque de Tolède et Gouverneur des Pays-Bas, troisième fils de Philippe III, Roi d'Espagne, et de Marguerite d'Autriche,

Né le 16 mai 1609;
Mort, à Bruxelles, le 9 novembre 1641.

    C. M.

173. LÉOPOLD-GUILLAUME, Archiduc d'Autriche, Évêque de Passau, de Strasbourg, d'Alberstadt, d'Olmültz et de Breslau, Maître de l'ordre Teutonique, Abbé de Morback, et Gouverneur des Pays-Bas, troisième fils de Ferdinand II, Empereur d'Allemagne, Roi de Bohême et de Hongrie, et de Marie-Anne de Bavière, sa première femme,

Né en 1614;
Mort le 19 novembre 1662.

C. M.

174. CÉSAR, Duc de Vendôme, d'Étampes, de Mercœur, de Beaufort, de Penthièvre, etc., Pair de France, fils naturel de Henri IV et de Gabrielle d'Estrées, Duchesse de Beaufort,

Né au château de Coucy, en juin 1594;
Légitimé par lettres-patentes en janvier 1595;
Marié, à Fontainebleau, en juillet 1609, à Françoise de Lorraine, Duchesse de Mercœur, d'Étampes et de Penthièvre, fille unique et héritière de Philippe-Emmanuel de Lorraine,

Duc de Mercœur, et de Marie de Luxembourg, Duchesse d'Étampes et de Penthièvre;
Mort, à Paris, le 22 octobre 1665.

175. ARMAND-JEAN DU PLESSIS, Cardinal, Duc de Richelieu et de Fronsac, Pair de France, premier Ministre et Secrétaire d'État du Roi Louis XIII, etc., troisième fils de François du Plessis, III du nom, Seigneur de Richelieu, Chevalier des ordres du Roi, Capitaine des gardes et Grand-Prévot de France, et de Suzanne de La Porte.

Né, à Paris, le 5 septembre 1585;
Mort, à Paris, au Palais-Cardinal, depuis Palais-Royal, le 4 décembre 1642.

Peint d'après le portrait de Ph. de Champaigne, qui est au Palais-Royal.

176. HENRI RUZÉ COIFFIER, Marquis de Cinq Mars, Grand-Écuyer de Louis XIII, second fils d'Antoine Coiffier, Marquis d'Effiat, Maréchal de France, et de Marie de Fourcy;

Né en 1620;

Décapité, à Lyon, le 12 septembre 1642, sans avoir été marié.

Peint d'après le portrait original de Le Nain, qui est au Palais-Royal.

177. JEAN-BAPTISTE BUDES, Comte de Guébriant, Maréchal de France, troisième fils de Charles Budes, Seigneur de Guébriant et d'Anne Budes,

Né, au château du Plessis-Budes, en Bretagne, le 2 février 1602;

Marié, en 1632, à Renée du Bec, fille aînée de René du Bec, Marquis de Vardes et de la Bosse, et de Hélène d'O, veuve de François de Roncherolles, Marquis de Maineville;

Mort le 24 novembre 1643.

Peint d'après le portrait qui est dans la galerie du Palais de Versailles.

178. FRANÇOIS DE L'HOPITAL, Comte de Rosnay, Seigneur du Hallier, Chevalier des ordres du Roi, Maréchal de France, Ministre d'État, troisième fils de Louis de L'Hôpital, Marquis de Vitry, et de Françoise de Brichanteau,

Né . . . . .

Marié, 1° le 4 novembre 1630, à Charlotte des Essarts, fille de François des Essarts, Seigneur de Sautour, et de Charlotte de Harlay, sa seconde femme ;

2° Le 25 août 1653, à Françoise Mignot, veuve de Pierre de Portes, Trésorier et Receveur du Dauphiné ;

Mort, à Paris, le 20 avril 1660, âgé de 77 ans.

Peint d'après le portrait qui est dans la galerie du Palais de Versailles.

179. JANSÉNIUS (Corneille), Évêque d'Ypres,

Né, en 1585, à Akoy près Leerdam en Hollande ;

Évêque d'Ypres en 1635 ;

Mort de la peste, le 6 mai 1638.

180. HENRI DE BOURBON, II du nom, Marquis de Malause, Vicomte de Lavedan, Maréchal des camps et armées du Roi, second fils de Henri de Bourbon, I du nom, Baron de Malause, Vi-

comte de Lavedan, et de Françoise de St.-Exupery, Dame de Miramont,

Né en 1577;

Marié à Marie de Chalon, Dame de La Case, fille d'Antoine de Chalon, Seigneur de La Case, et d'Anne de Lannoy-La-Boissière;

Mort, au château de Sanchemarans en Quercy, le 31 décembre 1647.

Il était filleul du Roi Henri IV.

181. HENRI DE MESMES, II du nom, Chevalier, Marquis de Moigneville et d'Esverly, Seigneur de Roissy, conseiller d'État, Lieutenant civil, **Prévot des marchands**, Député aux États-Généraux en 1614 et à l'Assemblée des Notables en 1617, et Président à Mortier au Parlement de Paris, fils de Jean-Jacques de Mesmes, II du nom, et d'Antoinette de Grossaine,

Né le . . . . .

Marié, 1° le 2 juin 1621, à Jeanne de Montluc, veuve de Charles d'Amboise, Marquis de Renel et de Bussy;

2° Le 30 décembre 1639, à Marie des Fossés, veuve de Gilles de Saint-Gelais, Marquis de Lansac;

Mort en 1650.

Peint par Ph. de Champaigne.

182. HENRI D'ORLÉANS, II du nom, Duc de Longueville et d'Estouteville, Prince Souverain de Neufchâtel et Wallengin, comte de Dunois, de Tancarville et de St.-Paul, Pair de France, fils unique de Henri d'Orléans, I du nom, Duc de Longueville, et de Catherine de Gonzague-Clèves,

Né le 27 avril 1595;

Marié, 1° le 30 avril 1617, à Louise de Bourbon, fille de Charles de Bourbon, Comte de Soissons, et d'Anne de Montafié;

2° Le 2 juin 1642, à Anne Geneviève de Bourbon, fille de Henri de Bourbon, II du nom, Prince de Condé, et de Charlotte-Marguerite de Montmorency;

Mort, à Rouen, le 11 mai 1663.

183. ANNE-GENEVIÈVE DE BOURBON,

Duchesse de Longueville et d'Estouteville, fille de Henri de Bourbon, II du nom, Prince de Condé, et de Charlotte-Marguerite de Montmorency,

Née le 27 août 1619;

Mariée, le 2 juin 1642, à Henri d'Orléans, II du nom, Duc de Longueville et d'Estouteville, Prince souverain de Neuchâtel et Wallengin, Comte de Dunois, de Tancarville et de Saint-Paul, Pair de France, fils unique de Henri d'Orléans, I du nom, Duc de Longueville, et de Catherine de Gonzague-Clèves;

Morte, à Paris, le 15 août 1679.

C. M.

183 *bis*. LA MÊME.

Peint d'après un portrait qui est au Musée royal.

184. MARIE - LOUISE D'ASPREMONT, Duchesse de Lorraine et de Bar, Comtesse de Mansfeld, fille unique de Charles, III du nom, Comte d'Aspremont, et de Marie-Françoise de Mailly (dite *de Coucy*),

Née en 1652;

Mariée, 1° le 4 novembre 1665, à Charles IV, Duc de Lorraine et de Bar;

2° En 1679, à Henri-François, Comte de Mansfeld, Chevalier de la Toison d'or;

Morte le 23 octobre 1692.

C. M.

185. NICOLAS - FRANÇOIS DE LORRAINE (dit *François III*), Duc de Lorraine et de Bar, troisième fils de François II, Duc de Lorraine et de Bar, et de Catherine, Comtesse de Salms,

Né le 6 décembre 1609;

Marié, le 11 février 1634, à Claude-Françoise de Lorraine, seconde fille de Henri, II du nom, Duc de Lorraine et de Bar, et de Marguerite de Gonzague-Mantoue, sa seconde femme;

Mort le 26 janvier 1670.

Il avait été nommé Cardinal en 1627 : il quitta l'état ecclésiastique, et son frère aîné Charles, Duc de Lorraine, lui fit la cession de ses Etats, en 1634.

C. M.

186. CLAUDE - FRANÇOISE DE LORRAINE, Duchesse de Lorraine et de

Bar, seconde fille de Henri, II du nom, Duc de Lorraine et de Bar, et de Marguerite de Gonzague-Mantoue, sa seconde femme,

Née le 15 octobre 1612;

Mariée, le 11 février 1634, à François III, Duc de Lorraine et de Bar, troisième fils de François II, Duc de Lorraine et de Bar, et de Catherine, Comtesse de Salms;

Morte le 2 août 1648.

C. M.

187. FRANÇOIS DE LORRAINE, Prince de Joinville, fils aîné de Charles de Lorraine, Duc de Guise et de Joyeuse, et de Henriette-Catherine, Duchesse de Joyeuse, de Montpensier et de Guise, veuve de Henri de Bourbon (*dernier*), Duc de Montpensier,

Né le 3 avril 1612;

Mort, à Florence, le 7 novembre 1639, sans avoir été marié.

C. M.

188. HENRI DE LORRAINE, II du nom,

Duc de Guise, Prince de Joinville, Comte d'Eu, Pair et Grand-Chambellan de France, quatrième fils de Charles de Lorraine, Duc de Guise et de Joyeuse, et de Henriette-Catherine, Duchesse de Joyeuse, de Montpensier et de Guise, veuve de Henri de Bourbon (*dernier*), Duc de Montpensier,

Né le 4 avril 1614;

Marié, 1° En 1639, à Anne de Gonzague dont il fut séparé;

2° A Bruxelles, le 11 novembre 1641, à Honorine de Glimes, veuve d'Albert-Maximilien de Hénin, Comte de Bossu, et fille de Godefroy de Glimes-Bergues, Comte de Grimberghe;

Mort, à Paris, sans postérité, le 2 juin 1664.

Moréri dit qu'il est mort sans avoir été marié.

C. M.

189. LOUIS DE LORRAINE, Duc de Joyeuse et d'Angoulême, Pair et Grand-Chambellan de France, sixième fils de Charles de Lorraine, Duc de Guise et de Joyeuse, et de Henriette-Catherine

de Joyeuse, Duchesse de Joyeuse, d[e]
Montpensier et de Guise, veuve de Henr[i]
de Bourbon (*dernier*), Duc de Mont[-]
pensier,

Né le 11 janvier 1622;

Marié, le 3 novembre 1649, à Marie de Va[-]
lois, fille unique et héritière de Louis-Emma[-]
nuel de Valois, Duc d'Angoulême, Comt[e]
d'Aletz, et de Henriette de La Guiche, Dame d[e]
Chaumont;

Mort, à Paris, le 27 septembre 1654, d'un[e]
blessure qu'il avait reçue près d'Arras.

C. M.

190. MARIE DE LORRAINE, Duchesse de Guise et de Joyeuse, Princesse de Joinville (*Mademoiselle de Guise*), fille aînée de Charles de Lorraine, Duc de Guise et de Joyeuse, et de Henriette-Catherine, Duchesse de Joyeuse, de Montpensier et de Guise, veuve de Henri de Bourbon (*dernier*), Duc de Montpensier,

Née le 15 août 1615;

Morte, à Paris, sans alliance, le 3 mars 1688.

Peint d'après une gravure qui est dans la collection du Roi au Palais-Royal.

191. FRANÇOISE - RENÉE DE LORRAINE, Abbesse de Saint-Pierre de Rheims et ensuite de Montmartre, troisième fille de Charles de Lorraine, Duc de Guise et de Joyeuse, et de Henriette-Catherine de Joyeuse, Duchesse de Joyeuse, de Montpensier et de Guise, veuve de Henri de Bourbon (*dernier*), Duc de Montpensier,

Née le 10 janvier 1621 ;
Morte le 4 décembre 1682.

C. M.

192. HENRI DE LORRAINE, Comte d'Harcourt, d'Armagnac et de Brionne, Vicomte de Marsan, Chevalier des ordres du Roi, Grand-Écuyer de France, Sénéchal de Bourgogne et Gouverneur d'Anjou, second fils de Charles de Lorraine, I du nom, Duc d'Elbeuf,

Pair, Grand-Écuyer et Grand-Veneur de France, et de Marguerite de Chabot de Pagny,

Né le 20 mars 1601;

Marié, en février 1639, à Marguerite-Philippe du Cambout, veuve d'Antoine de L'Aage, Duc de Puylaurens, et fille de Charles du Cambout, Marquis de Coislin, et de Philippe de Beurges, sa première femme;

Mort dans l'abbaye de Royaumont, le 25 juillet 1666.

C. M.

193. CHARLOTTE - MARIE DE LORRAINE, Demoiselle de Chevreuse, seconde fille de Claude de Lorraine, Duc de Chevreuse, et de Marie de Rohan, veuve de Charles d'Albert, Duc de Luynes, Pair et Connétable de France,

Née, à Richemont, en Angleterre, en 1627;

Morte, à Paris, sans alliance, le 7 novembre 1652.

C. M.

194. LOUISE-MARIE-CHRISTINE DE

SAVOYE, fille aînée de Victor-Amédée Ier, Duc de Savoye, et de Christine de France, fille de Henri IV,

Née en 1629 ;

Mariée, en . . . . , au Prince Maurice de Savoye, son oncle, quatrième fils de Charles-Emmanuel de Savoye, Duc de Savoye, et de Catherine d'Autriche, fille de Philippe II, Roi d'Espagne ;

Morte en 1692.

C. M.

195. ADÉLAIDE-HENRIETTE DE SAVOYE, Duchesse Électrice de Bavière, troisième fille de Victor Amédée Ier, Duc de Savoye, et de Christine de France, fille de Henri IV,

Née le 6 novembre 1636 ;

Mariée le 22 juin 1652, à Ferdinand-Marie, Électeur, Duc de Bavière, fils aîné de Maximilien Ier, Électeur, Duc de Bavière, et de Marie-Anne d'Autriche, fille de l'Empereur Ferdinand II, sa seconde femme ;

Morte le 18 mars 1676.

C. M.

196. **LOUIS DE LORRAINE**, Comte d'Armagnac, de Charny, de Brionne, Vicomte de Marsan, Grand-Écuyer de France, fils aîné de Henri de Lorraine, Comte d'Harcourt, d'Armagnac et de Brionne, et de Marguerite-Philippe du Cambout, veuve d'Antoine de L'Aage, Duc de Puylaurens,

Né, à Paris, le 7 décembre 1641;

Marié, le 7 octobre 1660, à Catherine de Neufville-Villeroy, seconde fille de Nicolas de Neufville, V du nom, Duc de Villeroy, Pair et Maréchal de France, et de Marguerite de Créquy;

Mort le 13 juin 1718.

C. M.

197. **CATHERINE DE NEUFVILLE-VILLEROY**, Comtesse d'Armagnac, Dame du palais de la Reine Marie-Thérèse, seconde fille de Nicolas de Neufville, V du nom, Duc de Villeroy, Pair et Maréchal de France, et de Marguerite de Créquy,

Née en 1639;

Mariée, le 7 octobre 1660, à Louis de Lorraine, Comte d'Armagnac, de Charny, de Brionne, Grand-Écuyer de France, fils aîné de Henri de Lorraine, Comte d'Harcourt, et de Marguerite-Philippe du Cambout, veuve d'Antoine de L'Aage, Duc de Puylaurens;

Morte le 25 décembre 1707.

C. M.

198. ARMANDE-HENRIETTE DE LORRAINE, Abbesse de Notre-Dame de Soissons, fille de Henri de Lorraine, comte d'Harcourt, d'Armagnac et de Brionne, Vicomte de Marsan, Grand-Écuyer de France, et de Marguerite-Philippe du Cambout, veuve d'Antoine de L'Aage, Duc de Puylaurens,

Née le 7 janvier 1640;
Morte, à Paris, le 19 mai 1684.

C. M.

199. ANNE DE LORRAINE, Comtesse de Lislebonne, fille légitimée de Charles IV, Duc de Lorraine et de Bar, et de Béa-

trix de Cusance, Princesse de Cantecroix,

Née en 1640;

Mariée, dans l'église de l'abbaye de Montmartre, le 7 octobre 1660, à François-Marie de Lorraine, Comte de Lislebonne, Damoiseau de Commercy, quatrième fils de Charles de Lorraine, II du nom, Duc d'Elbeuf, et de Catherine-Henriette, légitimée de France, fille de Henri IV;

Morte, à Paris, le 19 février 1720.

C. M.

200. BÉATRIX - HIÉRONYME DE LORRAINE, Demoiselle de Lislebonne, Abbesse de Remiremont, fille aînée de François-Marie de Lorraine, Comte de Lislebonne, Damoiseau de Commercy, et d'Anne de Lorraine, Comtesse de Lislebonne, fille légitimée de Charles IV, Duc de Lorraine et de Bar, sa seconde femme,

Née le 1er juillet 1662;
Morte en 1711.

C. M.

201. MARIE-JEANNE-BAPTISTE DE SAVOYE, Duchesse de Savoye, fille aînée de Charles-Amédée de Savoye, Duc de Nemours, et d'Élisabeth de Bourbon-Vendôme,

Née le 11 avril 1644;
Mariée, le 11 mai 1665, à Charles-Emmanuel, II du nom, Duc de Savoye, second fils de Victor-Amédée Ier, Duc de Savoye, et de Christine de France, fille de Henri IV;
Morte le 15 mars 1724.
C. M.

202. MARIE D'ORLÉANS, Duchesse de Longueville et d'Estouteville, Princesse Souveraine de Neufchâtel et Wallengin, Duchesse de Nemours, fille aînée de Henri d'Orléans, II du nom, Duc de Longueville et d'Estouteville, et de Louise de Bourbon, sa première femme.

Née, à Paris, le 5 mars 1625;
Mariée, le 22 mai 1657, à Henri de Savoye, II du nom, Duc de Nemours, troisième fils de

Henri de Savoye, Duc de Nemours, et d'Anne de Lorraine, Duchesse d'Aumale ;

Morte, à Paris, le 16 juin 1707.

Peint d'après une gravure qui est dans la collection du Roi au Palais-Royal.

203. CHRISTINE, Reine de Suède, troisième fille de Gustave-Adolphe, Roi de Suède, et de Marie-Éléonore, fille de Jean Sigismond, Électeur de Brandebourg,

Née le 18 décembre 1626 ;
Abdique le 16 juin 1654 ;
Morte, à Rome, le 19 avril 1689, sans avoir été mariée.

(En pied.)

Ce portrait a été donné par la Reine Christine à Mademoiselle de Montpensier.

C. M.

204. LOUIS XIV, Roi de France et de Navarre, fils aîné de Louis XIII, Roi de France et de Navarre, et d'Anne d'Autriche,

Né, au château de Saint-Germain-en-Laye, le 5 septembre 1638;

Marié, à Fontarabie, par procureur, le 4 juin 1660, et en personne, à Saint-Jean-de-Luz, le 9 du même mois, à Marie-Thérèse d'Autriche, Infante d'Espagne, fille unique de Philippe IV, Roi d'Espagne, et d'Élisabeth de France, sa première femme;

Mort, à Versailles, le 1er septembre 1715.

(En pied.) En costume royal.

204 bis. LE MÊME.

(En pied.) Un bâton de commandement à la main.

C. M.

204 ter. LE MÊME.

(En pied.) Une canne à la main.   C. M.

204 4°. LE MÊME.

204 5°. LE MÊME.   C. M.

204 6°. LE MÊME.

204 7°. LOUIS XIV et sa Famille.

Peint par Mignard. (Réduction du grand tableau original qui est dans le palais à Versailles.)

6.

204 8°. LOUIS XIV et sa Famille (*la confirmation*).

« Après ma guérison, j'allai au Palais-Royal où l'on confirmait le Roi et Monsieur, son frère. Monsieur (*Gaston*) et moi, nous fûmes parrain et marraine du Roi, et M. le Prince et madame sa mère le furent de Monsieur. »

(*Extrait des Mémoires de mademoiselle de Montpensier.*)

Personnages : En commençant par la gauche du tableau :

1° Anne d'Autriche ;

2° *Mademoiselle*, tenant Philippe, frère de Louis XIV ;

3° Louis XIV avec un chien ;

4° Charlotte de Montmorency, Princesse de Condé ;

5° Le grand Condé, son fils ;

6° Gaston, frère de Louis XIII ;

7° Buste de Louis XIII.

Peint par Mignard.

205. MARIE-THÉRÈSE D'AUTRICHE, Infante d'Espagne, Reine de France et de Navarre, fille unique de Philippe IV, Roi d'Espagne, et d'Elisabeth de France, sa première femme,

Née, à Madrid, le 20 septembre 1638;

Mariée, à Fontarabie, par procureur, le 4 juin 1660, et en personne, à Saint-Jean-de-Luz, le 9 du même mois, à Louis XIV, Roi de France et de Navarre;

Morte, à Versailles, le 30 juillet 1683.

(En pied.)   C. M.

205 *bis*. LA MÊME.   C. M.

205 *ter*. LA MÊME.   C. M.

206. PHILIPPE DE FRANCE (*Monsieur*), Duc D'Orléans, de Valois, de Chartres, de Nemours et de Montpensier, deuxième fils de Louis XIII, Roi de France et de Navarre, et d'Anne d'Autriche,

Né, à Saint-Germain-en-Laye, le 21 septembre 1640;

Marié, 1° dans la chapelle du Palais-Royal, à Paris, le 31 mars 1661, à Henriette-Anne d'Angleterre, seconde fille de Charles Ier, Roi d'Angleterre, et de Henriette-Marie de France;

2° Le 21 novembre 1671, à Élisabeth-Charlotte de Bavière, fille de Charles-Louis, Duc de Bavière, Électeur et Comte Palatin du Rhin, et de Charlotte de Hesse-Cassel;

Mort, à Saint-Cloud, le 9 juin 1701.

(En pied.)

206 *bis*. LE MÊME.

(En pied.)

206 *ter*. LE MÊME.

206 4°. LE MÊME.

206 5°. LE MÊME.

206 6°. LE MÊME.

Peint d'après un portrait qui est au Palais-Royal.

207. HENRIETTE - ANNE D'ANGLETERRE, Duchesse d'Orléans (*Madame*), seconde fille de Charles 1er, Roi d'Angleterre, et de Henriette - Marie de France,

Née, à Exeter, le 16 juin 1644;
Mariée, dans la chapelle du Palais-Royal, à Paris, le 31 mars 1661, à Philippe de France,

Duc d'Orléans (*Monsieur*), second fils de Louis XIII, et d'Anne d'Autriche, et frère unique du Roi Louis XIV;

Morte, à Saint-Cloud, le 30 juin 1670.

(En pied.)

208. ÉLISABETH - CHARLOTTE DE BAVIÈRE, Duchesse d'Orléans (*Madame*), fille de Charles-Louis, Duc de Bavière, Électeur et Comte Palatin du Rhin, et de Charlotte de Hesse-Cassel,

Née le 27 mai 1652;

Mariée, le 21 novembre 1671, à Philippe de France, Duc d'Orléans (*Monsieur*), second fils de Louis XIII, et d'Anne d'Autriche, et frère unique de Louis XIV;

Morte, à Saint-Cloud, le 8 décembre 1722;

Et ses deux Fils :

ALEXANDRE D'ORLÉANS, Duc de Valois,

Né, à Saint-Cloud, le 2 juin 1673;
Baptisé, à Paris, le 10 avril 1674;
Mort, au Palais-Royal, le 15-16 mars 1676.

Et

PHILIPPE D'ORLÉANS, Duc de Chartres, depuis Duc d'Orléans, et Régent du royaume pendant la minorité de Louis XV,

Né, à Saint-Cloud, le 2 août 1674;
Marié, le 18 février 1692, à Françoise-Marie de Bourbon;
Mort, à Versailles, le 2 décembre 1723.

(En pied.) Peint par Mignard.

208 *bis*. LA MÊME.

D'après Hyacinthe Rigaut.

209. ANNE-MARIE-LOUISE D'ORLÉANS (*Mademoiselle de Montpensier*), Duchesse de Montpensier, Souveraine de Dombes, Princesse de La-Roche-sur-Yon, Dauphine D'Auvergne, Comtesse d'Eu, etc., fille aînée de Gaston-Jean-Baptiste de France, Duc d'Orléans, et de Marie de Bourbon, Duchesse de Montpensier, Dauphine d'Auvergne, Souveraine de Dombes, sa première femme,

Née, au Louvre, à Paris, le 29 mai 1627 ;
Morte, à Paris, au Palais d'Orléans (*le Luxembourg*), le 5 avril 1693.

(En pied.) C. M.

209 *bis*. LA MÊME.

(En pied, assise.) Tenant le portrait de son père.

C. M.

209 *ter*. LA MÊME.

Peint par Mignard. C. M.

209 4°. LA MÊME.

(En pied.) Avec les attributs de la chasse.

C. M.

209 5°. LA MÊME.

(Enfant.) Peint sur bois.

209 6°. LA MÊME.

(En bergère.)

Derrière ce portrait, la notice suivante est écrite de la main de Mademoiselle de Montpensier : « Bergère alent à la faitè du vilage. ... 1664. »

C. M.

209 7°. LA MÊME.

(Écrivant ses Mémoires.)

Peint par Albrier, d'après Decaisne.

209 8°. LA MÊME. C. M.

209 9°. LA MÊME. C. M.

210. MARGUERITE - LOUISE D'ORLÉANS (*Mademoiselle d'Orléans*), Grande Duchesse de Toscane, seconde fille de Gaston-Jean-Baptiste de France, Duc d'Orléans, et de Marguerite de Lorraine, sa seconde femme,

Née, à Paris, le 28 juillet 1645;
Mariée, par procuration, dans la chapelle du Louvre, le 19 avril 1661, à Côme de Médicis, III du nom, Grand-Duc de Toscane;
Morte, à Paris, le 17 septembre 1721.

(Elle est représentée avec ses deux sœurs.)

210 bis. LA MÊME. C. M.

(Avec ses deux sœurs.)

210 *ter*. LA MÊME. C. M.

(Avec ses deux sœurs.)

211. LOUIS - JOSEPH DE LORRAINE, Duc de Guise, de Joyeuse et d'Angoulême, fils unique de Louis de Lorraine, Duc de Joyeuse et d'Angoulême, et de Françoise-Marie de Valois, fille unique de Louis-Emmanuel, Duc d'Angoulême, Comte d'Aletz, et de Henriette de la Guiche, Dame de Chaumont,

Né le 7 août 1650;

Marié, le 15 mai 1667, dans la chapelle du château de Saint-Germain-en-Laye, à Élisabeth d'Orléans (*Mademoiselle d'Alençon*), troisième fille de Gaston-Jean-Baptiste de France, Duc d'Orléans. et de Marguerite de Lorraine, sa seconde femme;

Mort, à Paris, le 30 juillet 1671.

(En pied.) C. M.

212. ÉLISABETH D'ORLÉANS (*Mademoiselle d'Alençon*), Duchesse de Guise, de Joyeuse et d'Angoulême, troisième

fille de Gaston-Jean-Baptiste de France, Duc d'Orléans, et de Marguerite de Lorraine, sa seconde femme,

Née, à Paris, le 26 décembre 1646;

Mariée, au château de Saint-Germain-en-Laye, le 15 mai 1667, à Louis-Joseph de Lorraine, Duc de Guise, de Joyeuse et d'Angoulême, Pair de France, fils aîné de Louis de Lorraine, Duc de Joyeuse, et de Françoise-Marie de Valois;

Morte, à Versailles, le 17 mars 1696.

(Elle est représentée avec ses deux sœurs.)

212 *bis*. LA MÊME.   C. M.

(Avec ses deux sœurs.)

212 *ter*. LA MÊME.   C. M.

(Avec ses deux sœurs.)

212 ⁴°. LA MÊME.   C. M.

212 ⁵°. LA MÊME.

Point sur bois.

213. FRANÇOISE - MADELEINE D'OR-

LÉANS (*Mademoiselle de Valois*), Duchesse de Savoye, quatrième fille de Gaston - Jean-Baptiste de France, Duc d'Orléans, et de Marguerite de Lorraine, sa seconde femme,

Née, à Saint-Germain-en-Laye, le 13 octobre 1648;

Mariée, par procuration, dans la chapelle du Louvre, à Paris, le 4 mars 1663, à Charles-Emmanuel, II du nom, Duc de Savoye, second fils de Victor-Amédée, Duc de Savoye, et de Christine de France, fille de Henri IV;

Morte, à Turin, le 14 janvier 1664, à l'âge de 15 ans, sans postérité.

Elle est représentée avec ses deux sœurs.

C. M.

213 *bis*. LA MÊME. C. M.

(Avec ses deux sœurs.)

213 *ter*. LA MÊME. C. M.

(Avec ses deux sœurs.)

213 4°. LA MÊME.

214. ANNE LE VENEUR, Comtesse de

Fiesque, de Lavagne et de Bressuire, Dame d'atours de MADAME, Duchesse d'Orléans, et Gouvernante de Mademoiselle de Montpensier; fille de Jacques Le Veneur, Comte de Tillières, Chevalier des Ordres du Roi, et de Charlotte Chabot,

Née vers 1593;

Mariée, en 1609, à François de Fiesque, Comte de Lavagne et de Bressuire, fils de Sinibalde de Fiesque, Comte de Lavagne, et d'Alphonsine Strozzi;

Morte, à Saint-Fargeau, le 15 octobre 1653, âgée de 60 ans.

Elle était l'une des Dames de Mademoiselle de Montpensier et sa *maréchale de camp* à Orléans.

C. M.

215. **MARIE-CLAIRE DE CRÉQUY**, Comtesse de Jarnac, fille d'Adrien de Créquy, Seigneur de la Cressonnière, et de Jeanne-Lamberte de Lannoy, sa troisième femme,

Née en 1647;

Mariée, en . . . . , à Guy Henri de Chabot, Comte de Jarnac, Marquis de Soubran, fils aîné de Louis de Chabot, Comte de Jarnac, Seigneur de Saint-Gélais, et de Catherine de la Roche-Beaucourt;

Morte, à Orléans, le 29 mars 1684.

> Elle était fille d'honneur de Mademoiselle de Montpensier.

C. M.

216. **LOUISE DE PRIE**, fille de François de Prie, Chevalier, Baron de Plannes, et de Thesmillon et de Marie Brochart,

Née, le . . . . .

Mariée à François de Valboc, Seigneur de Gonneville et de la Rivière en Normandie;

Morte . . . . .

> Elle était fille d'honneur de Marguerite-Louise d'Orléans, grande Duchesse de Toscane, et ensuite de Mademoiselle de Montpensier.

C. M.

217. **MARIE DE LA TOUR**, Duchesse de La Trémouille et de Thouars, Princesse de Tarente et de Talmond, deuxième

fille de Henri de La Tour, Vicomte de Turenne, Duc de Bouillon, Prince de Sedan, et d'Elisabeth de Nassau, sa seconde femme,

Née vers 1600;

Mariée, le 19 janvier 1619, à Henri, Duc de La Trémouille et de Thouars, Prince de Tarente et de Talmond, fils aîné de Claude de La Trémouille, Duc de Thouars, et de Charlotte-Brabantine de Nassau;

Morte, à Thouars, le **24 mai 1665.**

Elle était l'une des Dames de Mademoiselle de Montpensier.

C. M.

218. MARIE-CHARLOTTE DE LA TRÉmouille, Duchesse de Saxe-Jéna, seconde fille de Henri, Duc de La Trémouille et de Thouars, Pair de France, Prince de Tarente et de Talmond, et de Marie de La Tour,

Née . . . . .

Mariée, à Paris, le **18 juillet 1662**, à Bernard de Saxe-Weymar, Duc de Saxe-Jéna, sixième fils de Guillaume de Saxe, Duc de Saxe-

Weymar, et d'Éléonore-Dorothée d'Anhalt;
Morte le 24 août 1682.

 Elle était l'une des Dames de Mademoiselle de Montpensier.

       C. M.

219. AMÉLIE DE HESSE-CASSEL, Duchesse de La Trémouille et de Thouars, Princesse de Tarente et de Talmond, fille de Guillaume V, Landgrave de Hesse-Cassel, et d'Amélie-Elisabeth, de Hanau-Muntzemberg,

 Née vers 1625;

 Mariée, le 1er mai 1648, à Henri-Charles de La Trémouille, Prince de Tarente et de Talmond, Duc de Thouars, Pair de France, Chevalier de l'Ordre de la Jarretière, Général de la cavalerie des états de Hollande, Gouverneur de Bois-le-Duc, fils aîné de Henri, Duc de La Trémouille et de Thouars, Prince de Tarente et de Talmond, et de Marie de La Tour, sœur du Vicomte de Turenne;

 Morte, à Francfort, le 23 février 1693, âgée de 68 ans.

 Elle était l'une des Dames de Mademoiselle de Montpensier.

       C. M.

220. MARIE DU CAMBOUT, Duchesse d'Épernon, fille aînée de Charles du Cambout, Marquis de Coislin, Chevalier des Ordres du Roi, et de Philippe de Beurges, Dame de Seury en Lorraine, et de la Montgulaye en Bretagne,

Née.....

Mariée, à Paris, le 26 novembre 1634, à Bernard de Nogaret de La Valette, Duc d'Épernon, Colonel-Général de l'infanterie française, second fils de Jean-Louis de Nogaret de La Valette, Duc d'Épernon, et de Marguerite de Foix, Comtesse de Candale et d'Astarac;

Morte, au Val-de-Grâce, à Paris, le 12 février 1691.

Elle était l'une des Dames de Mademoiselle de Montpensier.

C. M.

221. MADEMOISELLE DE VANDY.

Elle était l'une des dames de Mademoiselle de Montpensier.

C. M.

222. LA MARQUISE DE MAUNY.

Elle était l'une des dames de Mademoiselle de Montpensier.

C. M.

223. ANNE DE LA GRANGE-TRIANON,

Comtesse de Frontenac et de Palluau, fille de Charles de La Grange, Seigneur de Trianon, Maître des Comptes à Paris, et de Françoise Chouagne, sa troisième femme,

Née le . . . . .

Mariée à Louis de Buade, Comte de Frontenac et de Palluau, Gouverneur du Canada en 1672 ;

Morte, à Paris, le 30 janvier 1707.

> Elle était l'une des dames de Mademoiselle de Montpensier, et sa *maréchale de camp* à Orléans.

C. M.

224. FRANÇOISE DE NEUFVILLE,

Comtesse de Tournon, Duchesse de Chaulnes, Marquise de Hauterive, fille aînée de Nicolas de Neufville, V du nom, Duc de Villeroy, Pair et Maréchal de France, et de Madeleine de Créquy.

Née en 1625 ;

Mariée, 1° à Just-Louis, Comte de Tournon et de Roussillon, Maréchal de camp des armées du Roi, fils de Just-Henri, Comte de Tournon, Chevalier des Ordres du Roi, et de Charlotte de Levis-Ventadour;

2° Le 3 mai 1646, à Henri-Louis d'Albert d'Ailly, Duc de Chaulnes, Pair de France, fils d'Honoré d'Albert, Duc de Chaulnes, Pair et Maréchal de France, et de Claire-Charlotte d'Ailly, Vidame de Péquigny, Comtesse de Chaulnes;

3° A Abel-Jean Vignier, Marquis de Hauterive, Sous-Lieutenant des gendarmes de la Reine Anne d'Autriche;

Morte, à Paris, le 11 mai 1701.

225. **MADELEINE - CHARLOTTE D'ALBERT D'AILLY**, Duchesse de Foix et de Randan, fille aînée de Henri-Louis d'Albert d'Ailly, Duc de Chaulnes, Pair de France, et de Françoise de Neufville-Villeroy, veuve de Just-Louis, Comte de Tournon, et fille aînée de Nicolas de Neufville, V du nom, Duc de Villeroy, Pair et Maréchal de France, et de Madeleine de Créquy,

Née, le . . . . .

Mariée, en janvier 1664, à Jean-Baptiste Gaston de Foix, Duc de Randan, Pair de France, fils aîné de Jean-Baptiste Gaston de Foix, Comte de Fleix, et de Marie-Claire de Beaufremont, Dame de Randan.

Morte en couches, le 3 août 1665, âgée d'environ seize ans.

226. CATHERINE HENRIETTE DE HARCOURT, Duchesse d'Arpajon, Dame d'honneur de Madame la Dauphine, seconde fille de François de Harcourt, Marquis de Beuvron, et de Renée d'Epinay de Saint-Luc, Dame d'Ectot,

Née, le . . . . .

Mariée, le 24 avril 1659, à Louis, Duc d'Arpajon, Pair de France, Marquis de Sévérac, Lieutenant-Général, Chevalier des Ordres du Roi, fils aîné de Jean, III du nom, Baron d'Arpajon et de Sévérac, et de Jacquette de Castelnau-Clermont-Lodève ;

Morte le 4 mai 1701.

227. JULES MAZARIN (*Mazzarini*), Cardinal, Évêque de Metz, Abbé de Clugny,

d'Orcamp, de Saint-Denis, etc., Duc de Nivernois et de Mayenne, Chef du Conseil et premier Ministre d'État pendant la Régence d'Anne d'Autriche; fils aîné de Pierre Mazzarini et de Hortensia Buffanili,

Né, à Piscina, dans le royaume de Naples, le 14 juillet 1602;

Mort, au château de Vincennes, le 9 mars 1661.

Peint d'après le portrait de Ph. de Champaigne, qui est au Palais-Royal.

228. JEAN-FRANÇOIS-PAUL DE GONDY, Cardinal de Retz, Archevêque de Paris, Souverain de Commercy, Prince d'Euville, etc., Abbé de Saint-Denis, troisième fils de Philippe - Emmanuel de Gondy, Comte de Joigny, Marquis de Belle-Isle, Chevalier des Ordres du Roi, Général des galères de France, et de Françoise-Marguerite de Silly, Dame de Commercy,

Né, à Montmirail, au mois d'octobre 1614.
Mort, à Paris, le 24 août 1679.

229. OLIVIER CROMWELL, fils de Robert Cromwell,

Né le 25 avril 1599;
Marié, en 1620, à Élisabeth Bourchier; élu membre du parlement par l'université de Cambridge, en 1640, Généralissime de l'armée parlementaire en 1647, Protecteur d'Angleterre, d'Écosse et d'Irlande, le 22 décembre 1653;
Mort le 13 septembre 1658.

Peint d'après le portrait qui est au Palais-Royal.

230. FRANÇOIS DE COMINGES, Seigneur, Comte de Guitaut, Conseiller du Roi en ses Conseils, et Capitaine des gardes du corps de la Reine-Régente Anne d'Autriche, Lieutenant-Général en la ville, château et pays de Saumur et Haut-Anjou, Chevalier des Ordres du Roi, troisième fils de Pierre de Cominges, Seigneur de Guitaut, et de Joachin de Breuil,

Né vers 1581 ;

Mort d'apoplexie, à Paris, le 12 mars 1663, à l'âge de 82 ans.

Ce fut lui qui arrêta le Prince de Condé, le Prince de Conty et le Duc de Longueville, au Palais-Royal le 18 janvier 1650.

Peint d'après un portrait qui est au château d'Epoisses (Côte-d'Or).

231. LAURE MANCINI, Duchesse de Vendôme et de Mercœur, fille de Michel-Laurent Mancini, Gentilhomme romain, et de Jéronime Mazzarini, sœur du Cardinal Mazarin,

Née, le . . . . .

Mariée, le 4 février 1651, à Louis, Cardinal, Duc de Vendôme, de Mercœur, d'Étampes et de Penthièvre, Pair de France, fils aîné de César, Duc de Vendôme, et de Françoise de Lorraine, Duchesse de Mercœur ;

Morte, à Paris, le 8 février 1657.

Peint sur bois.

232. FRANÇOIS DE VENDOME, Duc de Beaufort, Pair de France, Grand-Maître, Chef et Surintendant du commerce

et de la navigation, second fils de César, Duc de Vendôme, et de Françoise de Lorraine, Duchesse de Mercœur, et petit-fils de Henri IV et de Gabrielle d'Estrées,

Né, à Paris, en janvier 1616;
Tué, au siége de Candie, le 25 juin 1669, sans avoir été marié.

Peint sur bois.

232 bis. LE MÊME.

233. CÉSAR, Duc de CHOISEUL, COMTE DU PLESSIS-PRASLIN, Pair et Maréchal de France, Chevalier des Ordres du Roi, Ministre d'État, Gouverneur de Philippe de France, Duc d'Orléans (*Monsieur*), fils aîné de Ferry de Choiseul, II du nom, Comte du Plessis, et de Madeleine Barthélemy,

Né vers 1602;
Marié à Colombe Le Charron, première Dame d'honneur de madame la Duchesse d'Orléans, fille de Germain Le Charron, Seigneur de Saint-Ange et d'Ormeille, et de Marguerite Sauvat;

Mort le 23 décembre 1675, âgé de 73 ans.

Peint d'après le portrait qui est dans la galerie du palais de Versailles.

234. ANTOINE D'AUMONT DE ROCHE-BARON, Duc d'Aumont, Chevalier des Ordres du Roi, Pair et Maréchal de France, Capitaine de la troisième compagnie française des gardes du corps du Roi; second fils de Jacques d'Aumont, Baron de Chappes, Seigneur de Cors, Gentilhomme ordinaire de la chambre du Roi et de Charlotte-Catherine de Villequier,

Né en 1601;

Marié, le 14 mars 1629, à Catherine Scarron de Vavres, fille de Michel-Antoine Scarron, Seigneur de Vavres et de Vaujour, et de Catherine Tadei;

Mort, à Paris, le 11 janvier 1669.

Peint d'après un portrait de la collection du château de Beauregard.

235. HENRI DE LA TOUR D'AUVERGNE, Vicomte de TURENNE, Maréchal de

France, Maréchal - Général des camps des armées du Roi, Colonel-Général de la cavalerie légère, second fils de Henri de La Tour d'Auvergne, Vicomte de Turenne, Duc de Bouillon, Prince de Sedan, Maréchal de France, et d'Isabelle de Nassau, sa seconde femme,

Né, à Sedan, le 11 septembre 1611;
Marié, en 1653, à Charlotte de Caumont, Dame de Saveilles, fille d'Armand de Caumont, Duc de La Force, et de Jeanne de la Rochefaton, Dame de Saveilles, sa première femme;
Tué, à Salzbach, le 27 juillet 1675.

Peint d'après un portrait qui est au Musée royal.

236. LOUIS DE BOURBON, II du nom, Prince de Condé (*le Grand Condé*), premier Prince du Sang, Pair et Grand-Maître de France, Duc de Bourbonnais, d'Enghien, de Châteauroux, de Montmorency, quatrième fils de Henri de Bourbon, II du nom, Prince de Condé et de Charlotte - Marguerite de Montmorency,

7.

Né, à Paris, le 8 septembre 1621;

Marié, dans la chapelle du Palais Cardinal, le 11 février 1641, à Claire-Clémence de Maillé, Duchesse de Fronsac et de Caumont, Marquise de Brézé et de Graville, fille d'Urbain de Maillé, Marquis de Brézé, Maréchal de France, et de Nicole du Plessis-Richelieu;

Mort le 11 décembre 1686.

(En pied.) Peint par Mignard.

236 *bis*. LE MÊME.

Peint d'après un portrait qui est au Musée royal.

237. CLAIRE - CLÉMENCE DE MAILLÉ,

Princesse de Condé, Duchesse de Fronsac et de Caumont, Marquise de Brézé, fille d'Urbain de Maillé, Marquis de Brézé, Maréchal de France, Chevalier des Ordres du Roi, et de Nicole du Plessis Richelieu, sœur puînée du Cardinal de Richelieu,

Née, le . . . . .

Mariée, dans la chapelle du Palais Cardinal, le 11 février 1641, à Louis de Bourbon, II du nom, Prince de Condé (*le grand Condé*), quatrième fils de Henri de Bourbon, II du nom, Prince de Condé, et de Charlotte-Marguerite de Montmorency;

Morte, à Châteauroux, le 16 avril 1694, âgée de 66 ans.

Peint d'après un portrait de la collection de Condé, qui appartient à S. A. R. le Duc d'Aumale.

238. ARMAND DE BOURBON, Prince de Conty, Chevalier des Ordres du Roi, fils puîné de Henri de Bourbon, II du nom, Prince de Condé, et de Charlotte-Marguerite de Montmorency,

Né, à Paris, le 11 octobre 1629;
Marié, à Paris, le 22 février 1654, à Anne-Marie Martinozzi, fille puînée du Comte Jérôme Martinozzi, Gentilhomme romain, et de Laura-Marguerite Mazzarini, sœur aînée du Cardinal;
Mort, à Pézenas, le 21 février 1666.

Peint d'après le portrait qui est dans la galerie du palais de Versailles.

239. ANNE-MARIE MARTINOZZI, Princesse de Conty, fille puînée du Comte

Jerôme Martinozzi, Gentilhomme Romain, et de Laura-Marguerite Mazzarini sœur aînée du Cardinal,

Née, à Rome, en 1637;

Mariée, à Paris, le 22 février 1654, à Armand de Bourbon, Prince de Conty, second fils de Henri de Bourbon, II du nom, Prince de Condé, et de Charlotte-Marguerite de Montmorency;

Morte, à Paris, le 4 février 1672.

Peint d'après un portrait qui fait partie de la collection de Condé, qui appartient à S. A. R. le Duc d'Aumale.

240. CHARLES PARIS-D'ORLÉANS, Duc de Longueville et d'Estouteville, Prince Souverain de Neufchâtel et Wallengin en Suisse, Comte de Saint-Paul, etc., second fils de Henri d'Orléans, II du nom, Duc de Longueville, et d'Anne-Geneviève de Bourbon-Condé,

Né, à l'Hôtel-de-Ville de Paris, le 29 janvier 1649; tenu sur les fonts baptismaux par la ville de Paris;

Élu Roi de Pologne en 1672, et tué au passage du Rhin près Tolhuys, le 12 juin de la même année, sans avoir été marié.

Peint d'après une gravure de la collection du Roi au Palais-Royal.

241. JEAN-BAPTISTE COLBERT, Marquis de Seignelay et de Châteauneuf-sur-Cher, Baron de Sceaux, de Linières, d'Ormois, etc., Ministre et Secrétaire d'état, commandeur et grand Trésorier des ordres du Roi, Contrôleur-Général des Finances, Surintendant des bâtimens, arts et manufactures de France, fils de Nicolas Colbert, Seigneur de Vandières, Conseiller d'état, et de Marie Pussort,

Né, à Paris, le 31 août 1619;

Marié, en 1648, à Marie Charon, fille de Jacques Charon, Seigneur de Menars, et de Marie Begon;

Mort, à Paris, le 6 septembre 1683.

241 bis. LE MÊME.

Peint sur bois par Mignard.

242. MARIE DE RABUTIN, Dame de

Chantal et de Bourbilly, Marquise de Sévigné, fille aînée de Celse Bénigne de Rabutin, Chevalier, Baron de Chantal, et de Bourbilly, et de Marie de Coulanges,

Née le 5 février 1626;

Mariée, en 1644, à Henri, Marquis de Sévigné, Maréchal des camps et armées du Roi, Gouverneur de Fougères, qui fut tué en duel en 1651;

Morte le 6 avril 1696;

Et

243. FRANÇOISE-MARGUERITE DE SÉVIGNÉ, Comtesse de Grignan, fille de Henri, Marquis de Sévigné, et de Marie de Rabutin, Dame de Chantal et de Bourbilly,

Née en 1646;

Mariée, en 1669, à François-Adhémar de Monteil, Comte de Grignan, Lieutenant-Général au gouvernement de Provence;

Morte en 1705.

C. M.

244. GUILLAUME DE PECHPEIROU DE

Cominges, Comte de Guitaut, Lieutenant-Général des armées du Roi, Chevalier de ses ordres, Gouverneur de Châtillon et Grand-Baillif d'Auxois, Capitaine-Lieutenant de la compagnie de chevau-légers du Prince de Condé (*le grand Condé*), et Chambellan de ce Prince, fils de Louis de Pechpeirou de Cominges, Seigneur de Guitaut, et de Jeanne d'Eygua de St-Martial,

Né le 5 octobre 1626;
Marié, 1° en 1661, à Madeleine de La Grange, héritière du Marquisat d'Époisses;
2° Le 15 octobre 1669, à Élisabeth-Antoinette de Verthamon;
Mort le 27 décembre 1685.

Portrait original provenant du château d'Epoisses (Côte-d'Or).

245. CHARLES II, Roi d'Angleterre, d'Écosse et d'Irlande, second fils de Charles Ier, Roi d'Angleterre, et de Henriette-Marie de France,

Né le 29 mai 1630;
Marié, le 31 mai 1662, à Catherine, Infante

de Portugal, fille de Jean IV (dit *le Fortuné*). et de Louise de Gusman, fille aînée de Jean-Emmanuel Perez de Gusman, Duc de Médina-Sidonia ;

Mort le 16 février 1685.

C. M.

246. MARIE - FRANÇOISE - ELISABETH DE SAVOYE-NEMOURS, Reine de Portugal, seconde fille de Charles-Amédée de Savoye, Duc de Nemours, et d'Élisabeth de Vendôme,

Née, à Paris, le 21 juin 1646 ;

Mariée, 1° par procuration, à La Rochelle, le 25 juin 1666, à Alphonse VI, Roi de Portugal. Ce mariage ayant été cassé le 24 mars 1668, elle épousa en secondes noces, le 2 avril suivant, dans la chapelle du Château de Lisbonne, le Prince Pierre de Portugal, son beau-frère, depuis Roi de Portugal sous le nom de Pierre II ;

Morte, à Palhavam, le 27 décembre 1683.

Peint sur bois par Ducuyer.

247. CHARLES - LÉOPOLD - NICOLAS SIXTE (*Charles V*), Duc de Lorraine,

et de Bar, Généralissime des Armées de l'Empereur, et Chevalier de la Toison-d'Or, second fils de Nicolas-François de Lorraine, et de Claude-Françoise de Lorraine,

Né le 23 avril 1643 ;
Marié, le 6 février 1678, à Éléonore-Marie d'Autriche, veuve de Michel Wiesnowicki, Roi de Pologne, et fille de Ferdinand III, Empereur d'Allemagne, et d'Éléonore de Gonzague-Mantoue, sa troisième femme ;
Mort le 18 avril 1690.

C. M.

248. ÉLÉONORE-MARIE D'AUTRICHE, Reine de Pologne, et Duchesse de Lorraine et de Bar, fille de Ferdinand III, Empereur d'Allemagne, et d'Éléonore de Gonzague-Mantoue, sa troisième femme,

Née, à Ratisbonne, le 31 mai 1655.
Mariée, 1° en 1670, à Michel Wiesnowicki, Roi de Pologne ;
2° Le 6 février 1678, à Charles V, Duc de Lorraine et de Bar, second fils de Nicolas-Fran-

çois de Lorraine, et de Claude-Françoise de Lorraine;

Morte le 17 décembre 1697.

C. M.

249. JEAN, III du nom (SOBIESKI), Roi de Pologne, Grand-Duc de Lithuanie, Chevalier de l'ordre du Saint-Esprit, fils de Jacques Sobieski, Castellan de Cracovie, et de N.... Zolkiewski, fille de Stanislas Zolkiewski, Grand-Chancelier et Général de la Couronne,

Né, au château d'Olesko, petite ville du Palatinat de Russie, en 1629;

Marié, le 6 juillet 1665, à Marie Casimire de La Grange, veuve de Jacques Radziwil, Prince de Zamoski, Palatin de Sandomir, et fille de Henri de La Grange, Marquis d'Arquien, et de Françoise de La Châtre-Brillebaut;

Mort, à Varsovie, le 17 juin 1696.

Peint d'après un portrait qui est dans la galerie du Palais de Versailles.

250. INNOCENT XI (*Benoît Odescalchi*),

Cardinal, le 6 mars 1645;

Légat de Ferrare, et Évêque de Novarre;
Élu Pape le 21 septembre 1676;
Mort le 12 août 1689.

251. JACQUES II, Roi d'Angleterre, d'Écosse et d'Irlande, troisième fils de Charles Ier, Roi d'Angleterre, et de Henriette-Marie de France,

Né le 24 octobre 1633;
Porta d'abord le titre de Duc d'Yorck;
Marié, 1° en 1660, à Anne Hyde, fille d'Édouard Hyde, Comte de Clarendon, Grand-Chancelier d'Angleterre;
2° Le 30 septembre 1673, à Marie-Béatrix-Éléonore d'Este, fille d'Alphonse IV, Duc de Modène, et de Laure Martinozzi, nièce du Cardinal Mazarin;
Mort, à Saint-Germain-en-Laye, le 16 septembre 1701.

Peint d'après un portrait qui est au Musée royal.

252. CHARLES II, Roi d'Espagne, neuvième fils de Philippe IV, Roi d'Espagne, et de Marie-Anne d'Autriche, fille de l'Empereur Ferdinand III,

Né le 6 novembre 1661 ;

Marié, 1° le 31 août 1679, par procureur, à Fontainebleau, à Marie-Louise d'Orléans (*mademoiselle d'Orléans*), fille aînée de Philippe de France, Duc d'Orléans, Monsieur, frère unique de Louis XIV, et d'Henriette-Anne d'Angleterre, sa première femme ;

2° En 1690, à Marie-Anne de Bavière-Neubourg, fille de Philippe-Guillaume, Comte Palatin de Neubourg ;

Mort le 1er novembre 1700.

(En pied.) Peint par Jean Careno.

253. MARIE-LOUISE D'ORLÉANS (*mademoiselle d'Orléans*), Reine d'Espagne, fille aîné de Philippe, Duc d'Orléans, *Monsieur*, frère de Louis XIV, et de Henriette-Anne d'Angleterre, sa première femme,

Née, au Palais-Royal, à Paris, le 27 mars 1662 ;

Mariée, par procureur, à Fontainebleau, le 31 août 1679, à Charles II, Roi d'Espagne, fils de Philippe IV, Roi d'Espagne, et de Marie-Anne d'Autriche ;

Morte à Madrid, sans postérité, le 12 février 1689.

(En pied.)

254. ANNE-MARIE D'ORLÉANS (*mademoiselle de Valois*), Duchesse de Savoye, Reine de Sicile, puis de Sardaigne, troisième fille de Philippe de France, Duc d'Orléans, Monsieur, et de Henriette-Anne d'Angleterre, sa première femme,

Née, à Saint-Cloud, le 27 août 1669;

Mariée, par procureur, à Versailles, le 10 avril 1684, à Victor-Amédée, Duc de Savoye, Roi de Sicile, puis de Sardaigne, fils de Charles-Emmanuel, Duc de Savoye, et de Marie-Jeanne-Baptiste de Savoye, sa seconde femme;

Morte en 1728.

Peint d'après une gravure de la collection du Roi au Palais-Royal.

255. LOUISE-FRANÇOISE DE LA BAUME-LE-BLANC, Duchesse de la VALLIÈRE-VAUJOUR, fille de Laurent de la Baume-le-Blanc, Seigneur de la Vallière, Lieutenant, pour le Roi, des pays, ville

et château d'Amboise, et de Françoise Le Prévost, veuve de Pierre Renard, Seigneur de Rezay, Conseiller au Parlement,

Née le 6 août 1644;

Nota. Elle prit l'habit de Carmélite, sous le nom de Sœur Louise de la Miséricorde, au couvent de la rue Saint-Jacques, à Paris, en 1674; fit profession le 3 juin 1675, et mourut le 6 juin 1710.

255 bis. LA MÊME.

D'après un portrait qui est au Palais de Neuilly.

256. FRANÇOISE-ATHÉNAIS DE ROCHECHOUART DE MORTEMART, Marquise de Montespan, troisième fille de Gabriel de Rochechouart, premier Duc de Mortemart, Pair de France et Chevalier des Ordres du Roi, et de Diane de Grand-Seigne,

Née en 1641;

Mariée, en 1663, à Henri-Louis de Pardaillan de Gondrin, Marquis de Montespan, fils de

Roger-Hector de Pardaillan de Gondrin, Marquis d'Antin;

Morte le 28 mai 1707.

256 bis. LA MÊME.

257. MARIE-ANGÉLIQUE D'ESCORAILLES DE ROUSSILLE, Demoiselle, puis Duchesse de FONTANGES, fille de Jean Rigaut d'Escorailles, Comte de Roussille, et d'Aimée-Léonore de Plas,

Née.....

Morte, à l'abbaye de Port-Royal, à Paris, le 28 juin 1681, à l'âge de 20 ans.

Peint d'après un portrait qui est au Musée Royal.

258. FRANÇOISE D'AUBIGNÉ, Marquise de MAINTENON, fille de Constant d'Aubigné, Baron de Surineau, et de Jeanne de Cardillac,

Née, le 8 septembre 1635, dans la prison de la conciergerie de Niort, où était détenu son père;

Mariée à Paul Scarron, poëte comique, dont elle devint veuve le 14 octobre 1660;

Remariée secrètement au Roi Louis XIV en 1685 ou 1686;

Morte, à Saint-Cyr, le 15 avril 1719.

259. LE PÈRE LA CHAISE (*François d'Aix de La Chaise*), Jésuite, confesseur de Louis XIV, et Membre de l'Académie des inscriptions, fils de Georges d'Aix, Chevalier de l'ordre de Saint-Michel,

Né, au château d'Aix en Forez, le 25 août 1625;

Mort le 20 janvier 1709.

260. MARIE-CHARLOTTE DE CASTELNAU, Duchesse de Grammont, fille de Jacques, Marquis de Castelnau, Maréchal de France, et de Marie Girard,

Née en 1648;

Mariée, le 15 mai 1668, à Antoine-Charles de Grammont, IV du nom, duc de Grammont, Pair de France, deuxième fils d'Antoine de Grammont, III du nom, Duc de Grammont, Pair et Maréchal de France, et de Françoise-Marguerite de Chivré;

Morte, à Paris, le 29 janvier 1694.

261. MARIE-MARGUERITE DE COSSÉ,

Duchesse de Villeroy, fille et héritière de Louis de Cossé, Duc de Brissac, Pair de France, et de Catherine de Gondy, Dame de Beaupréau,

Née en 1648;

Mariée, le 28 mars 1662, à François de Neufville, V du nom, Duc de Villeroy, Pair et Maréchal de France, Chevalier des Ordres du Roi, second fils de Nicolas de Neufville, premier Duc de Villeroy, Pair et Maréchal de France, et de Madeleine de Créquy;

Morte le 20 octobre 1708.

C. M.

262. HENRI-JULES DE BOURBON, Prince

de Condé, premier Prince du sang, Pair et Grand-Maître de France, Duc de Bourbonnais, d'Enghien, etc., fils ainé de Louis de Bourbon, II du nom, Prince de Condé, et de Claire-Clémence de Maillé,

Né, à Paris, le 29 juillet 1643;

Marié, le 11 décembre 1663, dans la chapelle du Louvre, à Anne de Bavière, seconde fille d'Édouard de Bavière, Prince Palatin du Rhin, et d'Anne de Gonzague-Clèves ;

Mort, à Paris, le 1er avril 1709.

262 bis. LE MÊME.

Peint d'après un portrait de la collection de Condé, qui appartient à S. A. R. le Duc d'Aumale.

263. ANNE DE BAVIÈRE, Princesse de Condé, seconde fille d'Edouard de Bavière, Prince Palatin du Rhin, et d'Anne de Gonzague-Clèves,

Née le 13 mars 1648 ;

Mariée, dans la chapelle du Louvre, le 11 décembre 1663, à Henri-Jules de Bourbon, III du nom, Prince de Condé, fils aîné de Louis de Bourbon, II du nom, Prince de Condé (*le grand Condé*), et de Claire-Clémence de Maillé ;

Morte, à Paris, le 23 février 1723.

Peint d'après une gravure de la collection du Roi au Palais-Royal.

264. LOUIS DE FRANCE, Dauphin (*le grand Dauphin*), fils aîné de Louis XIV, et de Marie-Thérèse d'Autriche,

Né, à Fontainebleau, le 1er novembre 1661;

Marié, par procuration, à Munich, le 28 janvier 1680, et en personne, à Châlons, le 7 mars suivant, à Marie-Anne-Christine-Victoire de Bavière, fille aînée de Ferdinand-Marie, Électeur, Duc de Bavière, et d'Adélaïde-Henriette de Savoye;

Mort, à Meudon, le 14 avril 1711.

(En pied.)

264 *bis*. LE MÊME.

(En pied.) Enfant, tirant un coup de pistolet.

C. M.

264 *ter*. LE MÊME.

(Jeune.) D'après l'original qui est au Palais-Royal.

264 4°. LE MÊME.

264 5°. LE MÊME.

D'après Hyacinthe Rigaut.

264 6°. LE MÊME.

265. MARIE - ANNE - CHRISTINE - VIC-

TOIRE DE BAVIÈRE, Dauphine, fille aînée de Ferdinand-Marie, Electeur, Duc de Bavière, et d'Adélaïde-Henriette de Savoye,

Née le 18 novembre 1660;

Mariée, par procuration, à Munich, le 28 janvier 1680;

Et en personne à Châlons, le 7 mars suivant, à Louis de France, Dauphin (*le grand Dauphin*), fils aîné de Louis XIV, et de Marie-Thérèse d'Autriche;

Morte, à Versailles, le 20 avril 1690.

Peint d'après un portrait qui est au Musée Royal.

266. PHILIPPE, Duc d'Orléans, de Valois, de Chartres, de Nemours et de Montpensier, Régent du royaume pendant la minorité de Louis XV, troisième fils de Philippe de France, Duc d'Orléans, (Monsieur), et d'Élisabeth-Charlotte de Bavière, sa seconde femme,

Né, à Saint-Cloud, le 2 août 1674;

Marié, à Versailles, le 18 février 1692, à Françoise-Marie de Bourbon (*mademoiselle de*

Blois), fille légitimée du Roi Louis XIV ;
Mort, à Versailles, le 2 décembre 1723.

(En pied.) Peint d'après un portrait original qui est au Palais-Royal.

266 *bis*. LE MÊME.

(En pied.)

266 *ter*. LE MÊME.

D'après Hyacinthe Rigaut.

267. FRANÇOISE-MARIE DE BOURBON, Duchesse d'Orléans (*mademoiselle de Blois*), fille légitimée du Roi Louis XIV et de madame de Montespan,

Née le 4 mai 1677 ;

Mariée, à Versailles, le 18 février 1692, à Philippe, Duc d'Orléans (Régent du royaume pendant la minorité de Louis XV), troisième fils de Philippe de France, Duc d'Orléans (MONSIEUR), frère unique du Roi Louis XIV, et d'Élisabeth-Charlotte de Bavière, sa seconde femme ;

Morte le 1er février 1749 ;

Et

LOUIS D'ORLÉANS, son fils, alors Duc de Chartres,

Né, à Versailles, le 4 août 1703;
Marié, le 13 juillet 1724, à Auguste-Marie-Jeanne de Baden-Baden;
Mort, à Sainte-Geneviève à Paris, le 4 février 1752.

(En pied.)

267 bis. LA MÊME.

Peint d'après une miniature qui est au Palais-Royal.

267 ter. LA MÊME.

Peint d'après un portrait qui est au Palais-Royal.

267 4°. LA MÊME.

268. ÉLISABETH - CHARLOTTE D'ORLÉANS (*mademoiselle de Chartres*), Duchesse de Lorraine et de Bar, quatrième fille de Philippe de France, Duc d'Orléans (MONSIEUR), frère unique de

Louis XIV, et d'Elisabeth-Charlotte de Bavière, sa seconde femme,

Née, à Saint-Cloud, le 13 septembre 1676;
Mariée, par procureur, à Fontainebleau, le 13 octobre 1698, à Léopold, Duc de Lorraine et de Bar, fils aîné de Charles V, Duc de Lorraine, et de Marie-Éléonore d'Autriche, veuve de Michel Wiesnowicki, Roi de Pologne, et fille de l'Empereur Ferdinand III;
Morte, à Commercy, le 23 décembre 1744.

Peint d'après une miniature qui est au Palais-Royal.

268 *bis*. LA MÊME.

269. FRANÇOIS-LOUIS DE BOURBON, Prince de Conty, Prince du Sang, Chevalier des ordres du Roi, troisième fils d'Armand de Bourbon, Prince de Conty, et d'Anne-Marie Martinozzi,

Né, à Paris, le 30 avril 1664;
Marié, à Versailles, le 29 juin 1688, à Marie-Thérèse de Bourbon, fille aînée de Henri-Jules de Bourbon, Duc de Bourbon, Prince de Condé, et d'Anne de Bavière;

Élu Roi de Pologne en 1697;
Mort, à Paris, le 22 février 1709.

269 *bis*. LE MÊME.

Peint par Mignard.

270. MARIE-THÉRÈSE DE BOURBON, (*mademoiselle de Bourbon*), Princesse de Conty, fille aînée de Henri-Jules de Bourbon, Duc de Bourbon, Prince de Condé, et d'Anne de Bavière,

Née le 1er février 1666;
Mariée, à Versailles, le 29 juin 1688, à François-Louis de Bourbon, Prince de Conty, troisième fils d'Armand de Bourbon, Prince de Conty, et d'Anne-Marie Martinozzi;
Morte le 20 février 1732.

Peint sur cuivre par Delamare-Richard.

270 *bis* LA MÊME.

271. LOUIS-JOSEPH, Duc de Vendôme, de Mercœur, d'Etampes et de Penthièvre, Pair de France, Chevalier des ordres du Roi, et de la Toison d'Or,

Général des galères, fils aîné de Louis, Cardinal, Duc de Vendôme, et de Laure Mancini,

Né, à Paris, le 30 juin 1654;
Marié, le 21 mai 1710, à Marie-Anne de Bourbon, cinquième fille de Henri-Jules de Bourbon, Prince de Condé, et d'Anne de Bavière;
Mort, à Vinaros en Espagne, le 11 juin 1712.

(En pied.)

271 *bis*. LE MÊME.

(Équestre.)

272. MARIE-ANNE DE BOURBON (*mademoiselle d'Enghien*), Duchesse de Vendôme, cinquième fille de Henri-Jules de Bourbon, Duc de Bourbon, prince de Condé, et d'Anne de Bavière,

Née le 24 février 1678;
Mariée, au château de Sceaux, le 21 mai 1710, à Louis-Joseph, Duc de Vendôme, fils aîné de Louis, Cardinal, Duc de Vendôme, et de Laure Mancini;

8.

Morte, à Paris, le 11 avril 1718.

Peint sur cuivre.

273. GUILLAUME DUBOIS, Cardinal, Archevêque, Duc de Cambrai, principal et premier Ministre d'état de France,

Né, à Brive-la-Gaillarde, le 6 septembre 1656;
Mort, à Versailles, le 10 août 1723.

274. FRANÇOIS D'AUBUSSON, III du nom, Duc de LA FEUILLADE, Pair et Maréchal de France, Chevalier des ordres du Roi, cinquième fils de François II, d'Aubusson, Comte de La Feuillade, et d'Isabeau Brachet,

Né.....
Marié, le 9 avril 1667, à Charlotte Gouffier, fille de Henri, Marquis de Boissy, et d'Anne Hennequin;
Mort la nuit du 18 au 19 septembre 1691.

Peint d'après le portrait qui est dans la galerie du palais de Versailles.

275. **FRANÇOIS-HENRI DE MONTMORENCY**, Comte de Luxe et de Bouteville, Duc de Piney-Luxembourg, Pair et Maréchal de France, Chevalier des ordres, et Capitaine des gardes du corps du Roi; fils de François de Montmorency, Seigneur de Bouteville, et d'Elisabeth Angélique de Vienne,

Né posthume, le 7 janvier 1628;
Marié, le 17 mars 1661, à Madeleine-Charlotte-Bonne-Thérèse de Clermont-Tallard de Luxembourg, Duchesse de Piney, Princesse de Tingry, fille unique et héritière de Charles-Henri de Clermont-Tallard, Duc de Luxembourg-Piney, et de Marguerite-Charlotte de Luxembourg, Duchesse de Piney, Comtesse de Ligny, Dame de Dangu;
Mort, à Versailles, le 4 janvier 1695.

Peint d'après un portrait qui est au Musée royal.

276. **ANNE JULES**, Duc de Noailles, Pair et Maréchal de France, Chevalier des ordres du Roi, Gouverneur de Roussillon, Vice-Roi de Catalogne, premier

Capitaine des gardes du corps et Aide de camp du Roi Louis XIV, fils aîné d'Anne, Duc de Noailles, et de Louise Boyer, Dame d'atours de la Reine Anne d'Autriche,

Né le 4 février 1650;

Marié, le 13 août 1671, à Marie-Françoise de Bournonville, fille unique d'Ambroise, Duc de Bournonville, et de Lucrèce-Françoise de La Vieuville;

Mort, à Versailles, le 2 octobre 1708.

(En pied.)

276 *bis*. LE MÊME.

277. NICOLAS CATINAT, maréchal de France, cinquième fils de Pierre Catinat, Seigneur de la Fauconnerie, Conseiller au Parlement, et de Françoise Poisse, Dame de Saint-Gratien,

Né le 1er septembre 1637.

Mort, sans alliance, à Saint-Gratien, le 23 février 1712.

Peint d'après un portrait qui est au Musée royal.

278. ABRAHAM, Marquis Du Quesne, Lieutenant-Général des armées navales de France, et Vice-Amiral de Suède, fils d'Abraham Du Quesne, Capitaine de vaisseau,

Né, à Dieppe, en 1610;
Marié à Gabrielle de Bernière;
Mort, à Paris, le 2 février 1688.

279. JEAN BARTH, Chef d'escadre,

Né, à Dunkerque, en 1651;
Mort, à Dunkerque, le 27 avril 1702.
Il était fils d'un pêcheur.

280. FRANÇOIS DE SALIGNAC DE LA MOTHE-FÉNELON, Archevêque, Duc de Cambray, et Précepteur des Enfans de France, fils de Pons de Salignac de La Mothe-Fénélon et de Louise de La Cropte,

Né, au château de Fénelon en Périgord, le 6 août 1651;
Archevêque de Cambrai en 1694;
Mort le 7 janvier 1715.

281. EMMANUEL - THÉODOSE DE LA TOUR, Cardinal de Bouillon, Grand-Aumônier de France, Abbé et Général de l'ordre des Bernardins de Clugny, troisième fils de Frédéric-Maurice de La Tour, I du nom, Duc de Bouillon et Prince de Sedan, et d'Eléonore-Catherine Fébronie de Bergh, fille de Frédéric, Comte de Bergh, et de Françoise Ravenel,

    Né le 24 août 1643 ;
    Mort, à Rome, le 2 mars 1715.

Peint d'après une gravure de la collection du Roi au Palais-Royal.

282. ROBERT DE COTTE, petit-fils de Frémin de Cotte, Architecte ordinaire des Rois Louis XIV et Louis XV,

    Né en 1656 ;
    Marié, en 1699, à la sœur de Jules Hardouin-Mansart, auquel il succéda en 1708, dans la place de premier architecte du Roi ;
    Mort en 1735.

283. ELISABETH DE LORRAINE (*demoiselle de Commercy*), Princesse d'Espinoy, troisième fils de François-Marie de Lorraine, Comte de Lislebonne, Damoiseau de Commercy, et d'Anne de Lorraine, Comtesse de Lislebonne, fille légitimée de Charles IV, Duc de Lorraine et de Bar, sa seconde femme,

Née le 5 avril 1664 ;

Mariée, le 8 octobre 1691, à Louis de Melun, Prince d'Espinoy, Maréchal des camps et armées du Roi, fils d'Alexandre-Guillaume de Melun, Prince d'Espinoy, et de Jeanne-Pélagie de Chabot-Rohan, sa seconde femme ;

Morte le.....

C. M.

284. MARIE DE LORRAINE, Princesse de Monaco, cinquième fille de Louis de Lorraine, Comte d'Armagnac, de Charny, de Brionne, Vicomte de Marsan, Grand-Écuyer de France, et de Catherine de Neufville-Villeroy,

Née le 12 août 1674 ;

Mariée, le 13 juin 1688, à Antoine Grimaldi, Prince de Monaco, Duc de Valentinois, Pair de France, fils aîné de Louis Grimaldi, Prince de Monaco, Duc de Valentinois, Pair de France, et de Catherine-Charlotte de Gramont;

Morte, à Monaco, le 30 octobre 1724.

C. M.

285. CHARLOTTE DE LORRAINE, (demoiselle d'Armagnac), sixième fille de Louis de Lorraine, Comte d'Armagnac, de Charny, de Brionne, Vicomte de Marsan, Grand-Écuyer de France, et de Catherine de Neufville-Villeroy,

Née le 6 mai 1678;
Morte.....

C. M.

286. LOUIS DE BOURBON, Comte de Vermandois, Amiral de France, fils légitimé de Louis XIV et de la Duchesse de La Vallière,

Né, à Saint-Germain-en-Laye, le 2 octobre 1667;

Mort, à Courtray, le 18 novembre 1683.

Il est représenté avec sa sœur Anne-Marie de Bourbon (*Mademoiselle de Blois*), Princesse de Conty.

(En pied.) Peint par Mignard.

287. ANNE-MARIE DE BOURBON (*mademoiselle de Blois*), Princesse de Conty, fille légitimée de Louis XIV et de la Duchesse de La Vallière,

Née, au château de Vincennes, le 2 octobre 1666;

Mariée, à Saint-Germain-en-Laye, le 16 janvier 1680, à Louis-Armand de Bourbon, Prince de Conty, second fils d'Armand de Bourbon, Prince de Conty, et d'Anne-Marie Martinozzi;

Morte le 3 mai 1739.

Elle est représentée avec son frère, Louis de Bourbon, Comte de Vermandois.

(En pied.) Peint par Mignard.

288. LOUIS-ARMAND DE BOURBON, I du nom, Prince de Conty, second fils d'Armand de Bourbon, Prince de Conty, et d'Anne-Marie Martinozzi,

Né, à Paris, le 4 avril 1661;

Marié, au château de Saint-Germain-en-Laye, le 16 janvier 1680, à Anne-Marie de Bourbon (*mademoiselle de Blois*), fille légitimée de Louis XIV, et de la Duchesse de La Vallière;

Mort, à Fontainebleau, le 9 novembre 1685.

Peint d'après le portrait qui est dans la galerie du palais de Versailles.

289. LOUIS-AUGUSTE DE BOURBON, Duc du Maine et d'Aumale, Souverain de Dombes et Comte d'Eu, Colonel-Général des Suisses et Grisons, Grand-Maître de l'artillerie de France, fils légitimé de Louis XIV et de la Marquise de Montespan,

Né le 31 mars 1670;

Marié, le 19 mars 1692, à Anne-Louise-Bénédicte de Bourbon, seconde fille de Henri-Jules de Bourbon, Prince de Condé, et d'Anne de Bavière;

Mort le 14 mai 1736.

289 *bis*. LE MÊME.

290. ANNE - LOUISE - BÉNÉDICTE DE BOURBON, Duchesse du Maine, seconde fille de Henri-Jules, Duc de Bourbon, Prince de Condé, et d'Anne de Bavière,

Née le 8 novembre 1676;
Mariée, le 19 mars 1692, à Louis-Auguste de Bourbon, Duc du Maine, fils légitimé de Louis XIV;
Morte en 1753.

Peint sur cuivre.

290 bis. LA MÊME.

291. LOUIS-ALEXANDRE DE BOURBON, Comte de Toulouse, Duc de Damville, de Penthièvre, etc., Pair, Amiral et Grand-Veneur de France, Lieutenant-Général des armées du Roi, Chevalier de ses ordres et de la Toison d'Or, fils légitimé de Louis XIV et de la Marquise de Montespan,

Né le 6 juin 1678;
Marié, le 22 février 1723, à Marie-Victoire-

Sophie de Noailles, veuve de Louis de Pardaillan, Marquis de Gondrin, et fille d'Anne-Jules, Duc de Noailles, Pair et Maréchal de France, et de Marie-Françoise de Bournonville;
Mort le 1er décembre 1737.

(En pied et en dieu marin.)   C. M.

291 bis. LE MÊME.

291 ter. LE MÊME.

(Jeune.)

291 4°. LE MÊME.

(Enfant.)

292. MARIE - VICTOIRE - SOPHIE DE NOAILLES, Comtesse de Toulouse, septième fille d'Anne-Jules, Duc de Noailles, Pair et Maréchal de France, et de Marie-Françoise de Bournonville,

Née le 6 mars 1688;
Mariée, 1° le 25 janvier 1707, à Louis de Pardaillan d'Antin, Marquis de Gondrin, Brigadier des armées du Roi;
2° Le 22 février 1723, à Louis-Alexandre de

Bourbon, Comte de Toulouse, Duc de Damville, de Penthièvre, etc., Pair, Amiral et Grand-Veneur de France, fils légitimé de Louis XIV, et de la Marquise de Montespan;

Morte le 23 septembre 1766.

292 bis. LA MÊME.

293. MARIE-FRANÇOISE DE NOAILLES, Marquise de Lavardin, sixième fille d'Anne-Jules, Duc de Noailles, Pair et Maréchal de France, et de Marie-Françoise de Bournonville,

Née le 13 mars 1687;

Mariée, le 20 février 1703, à Emmanuel-Henri de Beaumanoir, Marquis de Lavardin, fils de Henri-Charles de Beaumanoir, III du nom, Marquis de Lavardin, et de Louise-Anne de Noailles, sa seconde femme;

Morte le.....

294. LOUIS DE BOURBON, III du nom, Duc de Bourbon, d'Enghien, de Châteauroux, Pair et Grand-Maître de France, Chevalier des ordres du Roi,

second fils de Henri Jules, Duc de Bourbon, Prince de Condé, et d'Anne de Bavière,

Né, à Paris, le 11 octobre 1688;
Marié, à Versailles, le 24 juillet 1685, à Louise-Françoise de Bourbon (*mademoiselle de Nantes*), fille légitimée de Louis XIV;
Mort, à Paris, le 4 mars 1710.

295. LOUISE-FRANÇOISE DE BOURBON (*mademoiselle de Nantes*), Duchesse de Bourbon, fille légitimée de Louis XIV, et de madame de Montespan,

Née le 1er juin 1673;
Mariée, à Versailles, le 24 juillet 1685, à Louis de Bourbon, III du nom, Duc de Bourbon, second fils de Henri-Jules, Duc de Bourbon, Prince de Condé, et d'Anne de Bavière;
Morte le 16 juin 1743.

Pient sur cuivre.

296. ANNE-MARIE-VICTOIRE DE BOURBON (*mademoiselle de Condé*), troisième fille de Henri-Jules, Duc de Bourbon,

Prince de Condé, et d'Anne de Bavière,

Née le 11 août 1675 ;

Morte, à Paris, le 23 octobre 1700, sans avoir été mariée.

Peint sur cuivre.

297. LOUIS DE FRANCE, Duc de Bourgogne, puis Dauphin, fils aîné de Louis de France, Dauphin (*le grand Dauphin*), et de Marie-Anne-Christine-Victoire de Bavière,

Né, à Versailles, le 6 août 1682 ;

Marié, à Versailles, le 7 décembre 1697, à Marie-Adélaïde de Savoye, fille aînée de Victor-Amédée, II du nom, Duc de Savoye, puis Roi de Sicile et de Sardaigne, et d'Anne-Marie d'Orléans ;

Mort, à Marly, le 18 février 1712.

(En pied.)

297 *bis*. LE MÊME.

Peint d'après Rigaut.

298. MARIE-ADÉLAÏDE DE SAVOYE, Duchesse de Bourgogne, puis Dauphine,

fille aînée de Victor-Amédée II, Duc de Savoye, puis Roi de Sicile et de Sardaigne, et d'Anne-Marie d'Orléans,

Née, à Turin, le 6 décembre 1685 ;
Mariée, à Versailles, le 7 décembre 1697, à Louis de France, Duc de Bourgogne, puis Dauphin, fils aîné de Louis de France, Dauphin (*le grand Dauphin*), et de Marie-Anne-Christine-Victoire de Bavière ;
Morte, à Versailles, le 12 février 1712.

298 bis. LA MÊME.

299. CHARLES DE FRANCE, Duc de Berry, troisième fils de Louis de France, Dauphin (*le grand Dauphin*), et de Marie-Anne-Christine-Victoire de Bavière,

Né, à Versailles, le 31 août 1686 ;
Marié, à Versailles, le 6 juillet 1710, à Marie-Louise-Élisabeth d'Orléans (*Mademoiselle*), seconde fille de Philippe d'Orléans, Duc d'Orléans, Régent du royaume, et de Françoise-Marie de Bourbon ;

Mort, à Marly, le 4 mai 1714.

Peint d'après un pastel qui est au Musée royal.

300. **MARIE-LOUISE-ÉLISABETH D'ORLÉANS**, Duchesse de Berry, seconde fille de Philippe, Duc d'Orléans, *Régent du Royaume*, et de Françoise-Marie de Bourbon,

Née le 20 août 1695 ;

Mariée, à Versailles, le 6 juillet 1710, à Charles de France, Duc de Berry, troisième fils de Louis de France, Dauphin (LE GRAND DAUPHIN), et de Marie-Anne-Christine-Victoire de Bavière ;

Morte, au château de la Muette, le 21 juillet 1719.

300 *bis*. LA MÊME.

300 *ter*. LA MÊME.

301. **LOUIS-ARMAND DE BOURBON**, II du nom, Prince de Conty, Duc de Mercœur, Chevalier des ordres du Roi, troisième fils de François-Louis de Bourbon, Prince de Conty, et de Marie-

Thérèse de Bourbon (*Mademoiselle de Bourbon*),

Né, à Paris, le 10 novembre 1695;
Marié, à Versailles, le 9 juillet 1713, à Louise-Élisabeth de Bourbon, seconde fille de Louis de Bourbon, III du nom, Duc de Bourbon, et de Louise-Françoise de Bourbon;
Mort le 4 mai 1727.

Peint d'après une gravure de la collection du Roi, au Palais-Royal.

302. LOUISE-ÉLISABETH DE BOURBON, Princesse de Conty, seconde fille de Louis de Bourbon, III du nom, Duc de Bourbon, et de Louise-Françoise de Bourbon,

Née le 22 novembre 1693;
Mariée, à Versailles, le 9 juillet 1713, à Louis-Armand de Bourbon, Prince de Conty, troisième fils de François-Louis de Bourbon, Prince de Conty, et de Marie-Thérèse de Bourbon;
Morte le 27 mai 1775.

(En pied.)

303. CHARLES XII, Roi de Suède, fils

aîné de Charles XI, Roi de Suède, et d'Ulrique-Éléonore de Danemarck,

Né, à Stockholm, le 27 juin 1682;
Tué devant Fréderickshall, le 11 décembre 1718.

Peint d'après l'original qui est au Musée royal.

304. LOUIS-CLAUDE-HECTOR, Duc de Villars, Prince de Martigues, Pair et Maréchal de France, Chevalier des ordres du Roi et de la Toison d'Or, Grand d'Espagne de la 1re classe, Ministre d'État, fils aîné de Pierre, Marquis de Villars, Chevalier des ordres du Roi, et premier Gentilhomme de la chambre du Prince de Conty, et de Marie Gigault de Bellefonds,

Né, à Moulins, en 1653;
Marié, le 1er février 1702, à Angélique Rocque de Varengeville, Dame du palais de la Reine, fille de Jacques Rocque de Varengeville, Ambassadeur à Venise, et de Charlotte-Angélique Courtin;
Mort, à Turin, le 17 juin 1734.

305. RENÉ DE FROULAY, III du nom, Comte DE TESSÉ, Maréchal et Général des galères de France, Chevalier des ordres du Roi, Grand d'Espagne de la 1re classe, fils aîné de René de Froulay, II du nom, Comte de Tessé, et de Madeleine de Beaumanoir Dame de Maugé,

Né.....

Marié, le 10 juin 1674, à Marie-Françoise Auber, Baronne d'Aunay, fille unique d'Antoine Auber, Baron d'Aunay, et de Françoise de Villette;

Mort, aux Camaldules de Grosbois, le 30 mars 1725.

Peint par Hyacinthe Rigault.

306. CHARLES - AUGUSTE DE MATIGNON, Comte de Gacé, Maréchal de France, Chevalier des ordres du Roi, sixième fils de François de Matignon, Comte de Torigny et de Gacé, et d'Anne Malon de Bercy.

Né le 28 mai 1647;

Marié, à Paris, le 8 avril 1681, à Marie-Éli-

sabeth Berthelot, fille de François Berthelot, Secrétaire du Roi, et d'Anne Regnault;
Mort, à Paris, le 6 décembre 1729.

307. PIERRE GUÉRIN, Cardinal DE TENCIN, Archevêque de Lyon, Ministre d'État,

Né, à Grenoble, le 28 août 1680;
Mort en 1758.

308. ANDRÉ-HERCULE DE FLEURY, Cardinal, Évêque de Fréjus, Précepteur du Roi Louis XV, Grand-Aumônier de la Reine, Ministre d'État, un des quarante de l'Académie Française, fils de Jean Fleury, Ecuyer, Seigneur de Die, et de Diane de la Treille de Fosières,

Né, à Lodève, le 22 juin 1653;
Mort, à Issy, près Paris, le 29 janvier 1743.

309. AUGUSTE III ou FRÉDÉRIC-AUGUSTE II, Roi de Pologne, Grand-Duc de Lithuanie, Électeur de Saxe, fils de Frédéric-Auguste 1er, Roi de Pologne,

Électeur de Saxe, et de Christine Eberhardine, fille de Christian-Ernest, Margrave de Brandebourg-Bayreuth,

Né le 7 octobre 1696;

Marié, le 20 août 1739, à Marie-Josèphe d'Autriche, fille aînée de Joseph Ier, Empereur d'Allemagne, et de Wilhelmine-Amélie, fille de Jean-Frédéric, Duc de Hanovre;

Mort le 5 octobre 1763.

Peint d'après un portrait qui est dans la galerie du palais de Versailles.

310. STANISLAS LECKZINSKI, Roi de Pologne, Palatin de Posnanie, Duc de Lorraine et de Bar, fils de Raphaël Leckzinski, Comte de Lesno, Grand-Trésorier et Palatin de Lenczin, et d'Anne Jablonowska.

Né le 20 octobre 1677;

Marié, en 1698, à Catherine Opalinska, fille de Henri Opalinski, Castellan de Posnanie;

Roi de Pologne le 12 juillet 1704; couronné le 4 octobre 1705; chassé de ses états en 1709; réélu le 12 septembre 1733, renonce au trône de Pologne le 28 janvier 1736;

Duc de Lorraine et de Bar en 1737;
Mort, au château de Lunéville, le 23 février 1766.

311. CATHERINE, Comtesse de Bnin-Opalinska, Reine de Pologne, fille de Henri Opalinski, Castellan de Posnanie,

Née le 5 novembre 1680;
Mariée, en 1698, à Stanislas Ier (*Nicolas Leckzinski*), Roi de Pologne, puis Duc de Lorraine et de Bar;
Morte, à Lunéville, le 19 mars 1747.

312. LOUIS XV, Roi de France et de Navarre, troisième fils de Louis de France, Duc de Bourgogne, puis Dauphin, et de Marie-Adélaïde de Savoye,

Né, à Versailles, le 15 février 1710;
Marié, à Fontainebleau, le 5 septembre 1725, à Marie Leckzinska, fille unique de Stanislas Leckzinski, Roi de Pologne, et de Catherine, Comtesse de Bnin-Opalinska;
Mort, à Versailles, le 10 mai 1774.

(En pied.) En habits royaux.

312 *bis*. LE MÊME.

(En pied.) En habits royaux.

312 *ter*. LE MÊME.

(En pied.) Peint par Vanloo.

312 4°. LE MÊME.

312 5°. LE MÊME.

312 6°. LE MÊME.

Peint sur bois.

312 7°. LE MÊME.

312 8°. LE MÊME.

313. MARIE LECKZINSKA, Reine de France et de Navarre, fille unique de Stanislas Leckzinski, Roi de Pologne, et de Catherine, Comtesse de Bnin-Opalinska.

Née, à Posen, le 23 juin 1703;

Mariée, à Fontainebleau, le 5 septembre 1725, à Louis XV, Roi de France et de Navarre;

Morte le 24 juin 1768.

(En pied.) Peint d'après Vanloo.

313 bis. LA MÊME.

313 ter. LA MÊME.

314. LOUIS D'ORLÉANS, Duc d'Orléans, de Valois, de Chartres, de Nemours, de Montpensier, premier Prince du Sang, Chevalier des ordres du Roi et de la Toison d'Or, Grand-Maître des ordres royaux et hospitaliers de Notre-Dame du Mont-Carmel et de Saint-Lazare de Jérusalem, fils aîné de Philippe, Duc d'Orléans (*Régent du Royaume*), et de Françoise-Marie de Bourbon,

Né, à Versailles, le 4 août 1703;
Marié, le 13 juillet 1724, à Auguste-Marie-

Jeanne de Baden-Baden, fille de Louis-Guillaume, Margrave de Bade, et de Françoise-Sybille de Saxe-Lawembourg;

Mort, à Sainte-Geneviève, à Paris, le 4 février 1752.

(En pied.) Peint par Gosse.

314 *bis*. LE MÊME.

314 *ter*. LE MÊME.

315. AUGUSTE - MARIE - JEANNE DE BADEN-BADEN, Duchesse d'Orléans, fille de Louis Guillaume, Prince de Baden - Baden, Margrave de Bade, Généralissime des troupes de l'Empire, et de Françoise - Sybille de Saxe-Lawenbourg.

Née le 10 novembre 1704;
Mariée, le 13 juillet 1724, à Louis, Duc d'Orléans, fils aîné de Philippe, Duc d'Orléans (*Régent du royaume*), et de Françoise-Marie de Bourbon;

Morte, au Palais-Royal, à Paris, le 8 août 1726.

Peint à Rastadt par Stirnbrand, d'après un portrait original peint par Belle en 1725.

315 bis. LE MÊME.

Peint d'après le portrait ci-dessus.

316. LOUISE - ADÉLAIDE D'ORLÉANS (*Mademoiselle de Chartres*), troisième fille de Philippe, Duc d'Orléans, (*Régent du Royaume*), et de Françoise - Marie de Bourbon,

Née le 13 août 1698;

Abbesse de Chelles, sous le nom de Sœur Bathilde, le 14 septembre 1719;

Morte, à Paris, le 9 février 1743.

316 bis. LA MÊME.

317. CHARLOTTE-AGLAÉ D'ORLÉANS, (*Mademoiselle de Valois*), Duchesse de Modène, quatrième fille de Philippe, Duc d'Orléans (*Régent du Royaume*), et de Françoise - Marie de Bourbon,

Née le 22 octobre 1700;

Mariée, par procureur, à Paris, le 12 février 1720, à François-Marie d'Este, Duc de Modène, fils aîné de Renaut d'Este, Duc de Modène, et de Charlotte-Félicité de Brunswick;

Morte, au Palais du Luxembourg, à Paris, le 19 janvier 1761.

(En pied.)

347 *bis*. LA MÊME.

318. LOUISE-ELISABETH D'ORLÉANS, (*Mademoiselle de Montpensier*), Reine d'Espagne, cinquième fille de Philippe, Duc d'Orléans (*Régent du Royaume*), et de Françoise-Marie de Bourbon,

Née, à Versailles, le 11 décembre 1709;

Mariée, à Lerma, le 20 janvier 1722, à Louis, Prince des Asturies, depuis Louis Ier, Roi d'Espagne, fils de Philippe V et de Louise-Gabrielle de Savoye, sa première femme;

Morte, au Palais du Luxembourg, à Paris, le 16 juin 1742.

319. PHILIPPE-ÉLISABETH D'ORLÉANS.

(*Mademoiselle de Beaujolais*), sixième fille de Philippe, Duc d'Orléans (*Régent du Royaume*), et de Françoise-Marie de Bourbon,

Née le 18 décembre 1714;

Fiancée, par contrat, à Versailles, le 25 novembre 1722, à l'Infant Don Carlos (*depuis Charles III*), cinquième fils de Philippe V, Roi d'Espagne: ce mariage ne fut pas célébré;

Morte le 21 mars 1734.

320. LOUIS - FRANÇOIS DE BOURBON, Prince de Conty, Grand-Prieur de l'ordre de Saint-Jean de Jérusalem, Duc de Mercœur, Chevalier des ordres du Roi, second fils de Louis-Armand de Bourbon, Prince de Conty, et de Louise-Elisabeth de Bourbon,

Né, à Paris, le 13 août 1717;

Marié, le 22 janvier 1732, à Louise-Diane d'Orléans (*Mademoiselle de Chartres*), septième fille de Philippe, Duc d'Orléans (*Régent du Royaume*), et de Françoise-Marie de Bourbon;

Mort, au Temple, à Paris, le 2 juillet 1776.

321. LOUISE-DIANE D'ORLÉANS (*Mademoiselle de Chartres*), Princesse de Conty, septième fille de Philippe, Duc D'Orléans (*Régent du Royaume*), et de Françoise-Marie de Bourbon,

Née, à Paris, le 27 juin 1716;

Mariée, le 22 janvier 1732, à Louis-François de Bourbon, Prince de Conty, second fils de Louis-Armand de Bourbon, Prince de Conty, et de Louise-Élisabeth de Bourbon;

Morte, à Issy, près Paris, le 26 septembre 1736.

321 bis. LA MÊME.

(En vestale.) Peint par Nattier.

321 ter. LA MÊME.

322. LOUIS - AUGUSTE DE BOURBON, Prince de Dombes, Duc du Maine et d'Aumale, Souverain de Dombes, Chevalier des ordres du Roi, Colonel-Général des Suisses et Grisons, second fils de Louis-Auguste de Bourbon, Duc du Maine et d'Aumale, Comte d'Eu, et d'Anne-Louise-Bénédicte de Bourbon,

Né, à Versailles, le 4 mars 1700;

Mort, sans alliance, à Fontainebleau, le 30 septembre 1755.

Peint d'après une gravure de la collection du Roi, au Palais-Royal.

323. LOUIS-CHARLES DE BOURBON, Comte d'Eu, Duc du Maine et d'Aumale, Prince Souverain de Dombes, Chevalier des ordres du Roi, Colonel-Général des Suisses et Grisons, Grand-Maître et Capitaine-Général de l'artillerie de France, troisième fils de Louis-Auguste de Bourbon, Duc du Maine et d'Aumale, Comte d'Eu, et d'Anne-Louise-Bénédicte de Bourbon,

Né, à Sceaux, le 15 octobre 1701;

Mort, sans alliance, à Viry, le 13 juillet 1775.

Peint d'après un portrait qui est au Musée royal.

324. LOUISE-FRANÇOISE DE BOURBON, (*Mademoiselle du Maine*), troisième

fille de Louis-Auguste de Bourbon, Duc du Maine et d'Aumale, Comte d'Eu, et d'Anne-Louise-Bénédicte de Bourbon,

Née le 4 décembre 1707;
Morte, au château d'Anet, le 19 août 1743.

325. LOUIS DE FRANCE, Dauphin, fils aîné de Louis XV, et de Marie Leckzinska,

Né, à Versailles, le 4 septembre 1729;
Marié, 1° à Madrid, par procureur, le 18 décembre 1744, et à Versailles, en personne, le 23 février 1745, à Marie-Thérèse-Antoinette, Infante d'Espagne, seconde fille de Philippe V, Roi d'Espagne, et d'Élisabeth Farnèse, sa seconde femme;

2° A Versailles, le 9 février 1747, à Marie-Josèphe de Saxe, fille de Frédéric-Auguste II, Roi de Pologne et Électeur de Saxe, et de Marie-Josèphe, Archiduchesse d'Autriche, fille aînée de l'Empereur Joseph Ier;

Mort, à Fontainebleau, le 20 décembre 1765.

326. MARIE - JOSÈPHE DE SAXE, Dauphine de France, fille de Frédéric - Au-

guste II, Roi de Pologne et Électeur de Saxe, et de Marie-Josèphe, Archiduchesse d'Autriche,

Née le 4 novembre 1731 ;
Mariée, à Versailles, le 9 février 1747, à Louis de France, Dauphin, fils aîné de Louis XV, Roi de France, et de Marie Leckzinska ;
Morte, à Versailles, le 13 mars 1767.

Peint d'après Latour.

327. PHILIPPE, Infant d'Espagne, Duc de Parme, de Plaisance et de Guastalla, cinquième fils de Philippe V, Roi d'Espagne, et d'Elisabeth Farnèse, sa seconde femme,

Né, à Madrid, le 15 mars 1720 ;
Marié, le 20 août 1739, à Marie-Louise-Élisabeth de France, fille aînée de Louis XV, Roi de France, et de Marie Leckzinska ;
Mort le 18 juillet 1765.

328. MARIE - LOUISE - ÉLISABETH DE FRANCE (dite *Madame Infante*), Duchesse de Parme, fille aînée de Louis XV, Roi de France, et de Marie Leckzinska,

Née le 14 août 1727 (sœur jumelle d'Henriette de France, morte à Versailles, le 10 février 1752);

Mariée, le 25 août 1739, à Don Philippe, Infant d'Espagne, Duc de Parme et de Plaisance, fils de Philippe V, Roi d'Espagne, et d'Élisabeth Farnèse, sa seconde femme;

Morte, à Versailles, le 6 décembre 1759.

329. MARIE-ADÉLAIDE DE FRANCE (*Madame Adélaïde*), quatrième fille de Louis XV, Roi de France, et de Marie Leckzinska,

Née le 23 mars 1732;
Morte, à Trieste, le 27 février 1800.

330. MARIE-LOUISE-THÉRÈSE-VICTOIRE DE FRANCE (*Madame Victoire*), cinquième fille de Louis XV, Roi de France, et de Marie Leckzinska,

Née le 11 mai 1733;
Morte, à Trieste, le 7 juin 1798.

331. SOPHIE-PHILIPPINE-ÉLISABETH-JUSTINE DE FRANCE (*Madame So-*

phie), sixième fille de Louis XV, Roi de France, et de Marie Leckzinska,

Née le 27 juillet 1734;
Morte, à Versailles, le 3 mars 1782.

332. LOUISE-MARIE DE FRANCE (*Madame Louise*), Prieure des Carmélites de Saint-Denis, huitième fille de Louis XV, Roi de France, et de Marie Leckzinska,

Née le 15 juillet 1737;
Morte, à Saint-Denis, le 23 décembre 1787.

333. LOUIS-HENRI DE BOURBON (*Monsieur le Duc*), Prince de Condé, Duc de Bourbonnais, de Châteauroux, de Guise, etc., Pair et Grand-Maître de France, et des mines et minières du royaume, Chevalier des ordres du Roi et de la Toison d'Or, Ministre d'État, Surintendant de l'éducation du Roi Louis XV, et Chef du Conseil de Régence, Grand-Maître et Surintendant

Général des postes, fils aîné de Louis de Bourbon, III du nom, Duc de Bourbon, et de Louise-Françoise de Bourbon,

Né, à Versailles, le 18 août 1692;

Marié, 1° à Versailles, le 9 juillet 1713, à Marie-Anne de Bourbon, fille de François-Louis de Bourbon, Prince de Conty, et de Marie-Thérèse de Bourbon;

2° Le 22 juillet 1728, à Caroline de Hesse-Rheinfels, fille d'Ernest-Léopold, Landgrave de Hesse-Rheinfels;

Mort le 27 janvier 1740.

334. CHARLES DE BOURBON, Comte de Charolais, Chevalier des ordres du Roi; second fils de Louis de Bourbon, III du nom, Duc de Bourbon, et de Louise-Françoise de Bourbon,

Né, à Versailles, le 19 juin 1700;

Mort, sans alliance, le 23 juillet 1760.

Peint d'après un portrait qui est au Musée royal.

335. LOUIS DE BOURBON, Comte de Clermont, Chevalier des ordres et Lieu-

tenant-Général des armées du Roi, Abbé de Saint-Germain-des-Prés, troisième fils de Louis de Bourbon, III du nom, Duc de Bourbon, et de Louise-Françoise de Bourbon,

Né, à Versailles, le 15 juin 1709;
Mort, sans alliance, le 16 juin 1771.

336. LOUISE-ANNE DE BOURBON (*Mademoiselle de Charolais*), troisième fille de Louis de Bourbon, III du nom, Duc de Bourbon, et de Louise-Françoise de Bourbon,

Née, à Versailles, le 23 juin 1695:
Morte, sans alliance, le 8 avril 1758.

337. MARIE-ANNE DE BOURBON (*Mademoiselle de Clermont*), Surintendante de la Maison de la Reine, quatrième fille de Louis de Bourbon, III du nom, Duc de Bourbon, et de Louise-Françoise de Bourbon,

Née, à Paris, le 16 octobre 1697:
Morte, sans alliance, le 11 août 1741.

337 *bis*. LA MÊME.

Peint d'après un portrait qui est au Palais-Royal.

338. ELISABETH - ALEXANDRINE DE BOURBON (*Mademoiselle de Sens*), sixième fille de Louis de Bourbon, III du nom, Duc de Bourbon, et de Louise - Françoise de Bourbon,

Née le 15 septembre 1705;
Morte, sans alliance, le 15 avril 1765.

Peint d'après un portrait qui est au Musée royal.

339. ANNE-CHARLOTTE DE LORRAINE, Abbesse de Remiremont, de Saint-Vandru, de Mons et de Thorn, sixième fille de Léopold, Duc de Lorraine et de Bar, et d'Elisabeth - Charlotte d'Orléans,

Née, à Lunéville, le 17 mai 1714;
Morte, à Mons, le 17 novembre 1773.

Peint d'après le portrait qui est au Palais-Royal.

340. LA ROSALBA (*La Dona Carriera*,

connue sous son prénom de), Peintre au Pastel,

Morte aveugle, à Venise, en 1657, âgée d'environ 85 ans.

Peint par Laby, d'après un pastel fait par elle-même.

341. JEANNE - ANTOINETTE POISSON, Marquise de Pompadour,

Née en 1722;

Mariée à Charles-Guillaume Lenormand, Seigneur d'Étioles;

Créée Marquise de Pompadour, par lettres-patentes de Louis XV, en 1745;

Morte, à Versailles, le 14 avril 1764.

342. ADRIEN MAURICE, Duc de Noailles,

Comte d'Ayen, Pair et Maréchal de France, Grand d'Espagne de la Ire classe, Chevalier des ordres du Roi et de la Toison d'Or, premier Capitaine des gardes-du-corps du Roi, Gouverneur du Roussillon, Membre du Conseil de Régence, troisième fils d'Anne - Jules, Duc de Noailles, Pair et Maréchal de

France, et de Marie-Françoise de Bournonville,

Né le 29 septembre 1678;

Marié, le 1er avril 1698, à Françoise-Charlotte-Amable d'Aubigné, nièce de madame de Maintenon, et fille de Charles, Comte d'Aubigné, Chevalier des ordres du Roi, Gouverneur du Berry, et de Geneviève Piétre;

Mort, à Paris, le 28 juin 1766.

Peint d'après un portrait prêté par la famille.

343. LOUIS-CHARLES-AUGUSTE FOUQUET, Duc DE BELLE-ISLE, Chevalier des ordres du Roi et de la Toison d'Or, Pair et Maréchal de France, Ministre de la guerre, un des quarante de l'Académie Française, fils de Louis Fouquet, Marquis de Belle-Isle, et de Catherine-Agnès de Levis de Charlus, Dame Chanoinesse de Remiremont,

Né, à Villefranche de Rouergue, le 22 septembre 1684;

Marié, 1° le 21 mai 1711, à Henriette-Françoise de Durfort-Civrac;

2° Le 15 octobre 1729, à Marie-Casimire-Thérèse-Geneviève-Emmanuelle de Béthune, fille de Louis-Marie, Comte de Béthune, et d'Henriette de Harcourt;

Mort le 26 janvier 1761.

344. ARMININIUS MAURICE, COMTE DE SAXE, Duc de Courlande, Chevalier de l'ordre de l'Aigle-Blanc de Pologne, Maréchal de France, Gouverneur du château de Chambord, Maréchal-Général des camps et armées du Roi, Commandant-Général des Pays-Bas conquis, fils naturel de Frédéric-Auguste Ier, Électeur de Saxe et Roi de Pologne, et de Marie-Aurore de Kœnigsmarck, Comtesse de Westerweich et de Stegholm, Abbesse du monastère impérial libre et séculier de Quedlimbourg,

Né, à Goslar, le 19 octobre 1696;
Mort, au château de Chambord, le 30 novembre 1750.

Peint par Sauvage.

345. FRANÇOIS Ier, Empereur d'Allemagne, Roi de Hongrie et de Bohême, cinquième fils de Léopold-Joseph-Charles-Dominique, Duc de Lorraine et Bar, de et d'Elisabeth - Charlotte d'Orléans, (*Mademoiselle de Chartres*),

Né, à Lunéville, le 8 décembre 1708;
Marié, le 12 février 1736, à Marie-Thérèse d'Autriche, Reine de Hongrie et de Bohême, fille aînée de Charles VI, Empereur d'Allemagne, Roi de Hongrie et de Bohême, et d'Élisabeth-Christine de Brunswick-Wolfenbuttel;
Mort, à Inspruck, le 18 août 1765.

Peint d'après le portrait qui est dans la galerie du palais de Versailles.

346. MARIE - THÉRÈSE D'AUTRICHE, (*Walpurge-Amélie-Christine*), Impératrice d'Allemagne, Reine de Hongrie et de Bohême, fille aînée de Charles VI, Empereur d'Allemagne, Roi de Hongrie et de Bohême, et d'Elisabeth-Christine de Brunswick-Wolfenbuttel,

Née le 13 mai 1717;

Mariée, le 12 février 1736, à François Ier (*Étienne*), Empereur d'Allemagne, Roi de Hongrie et de Bohême, cinquième fils de Léopold-Joseph-Charles Dominique, Duc de Lorraine et de Bar, et d'Élisabeth-Charlotte d'Orléans;
Morte, à Vienne, le 29 novembre 1780.

Peint d'après un portrait qui est au Musée royal.

347. FRÉDÉRIC II (dit LE GRAND), Roi de Prusse et Électeur de Brandebourg, troisième fils de Frédéric-Guillaume Ier, Roi de Prusse et Électeur de Brandebourg, et de Sophie-Dorothée de Brunswick-Hanovre,

Né le 24 janvier 1712;
Marié, le 12 juin 1733, à Élisabeth-Christine de Brunswick, fille de Ferdinand-Albert, Duc de Brunswick-Lunebourg-Bevern, et d'Antoinette-Amélie de Brunswick, fille de Louis-Rodolphe, Duc de Brunswick-Blankenbourg;
Mort le 17 août 1786.

Peint d'après Vanloo.

348. CHARLES III, Roi d'Espagne, cinquième fils de Philippe V, Roi d'Espa-

gne, et d'Élisabeth Farnèse, sa seconde femme, fille d'Édouard Farnèse, II du nom, Duc de Parme,

Né le 20 janvier 1716;
Marié, le 19 juin 1738, à Marie-Amélie de Saxe, fille aînée de Frédéric-Auguste II, Roi de Pologne, Électeur de Saxe, et de Marie-Josèphe, Archiduchesse d'Autriche;
Mort le 14 décembre 1788.

Peint d'après un portrait envoyé de Naples.

349. MARIE-AMÉLIE DE SAXE, Reine d'Espagne, fille aînée de Frédéric-Auguste II, Roi de Pologne et Électeur de Saxe, et de Marie-Josèphe, Archiduchesse d'Autriche,

Née le 24 novembre 1724;
Mariée, le 19 juin 1738, à Charles III, Roi d'Espagne;
Morte le 27 septembre 1760.

Ce portrait vient de Naples.

350. VICTOR-AMÉDÉE DE SAVOYE, III du nom, Roi de Sardaigne, second

fils de Charles-Emmanuel III, Roi de Sardaigne, et de Polyxène - Christine-Jeanne, sa seconde femme, fille d'Ernest-Léopold, Landgrave de Hesse-Rheinfels,

Né le 26 juin 1726 ;

Marié, le 31 mai 1750, à Marie-Antoinette-Ferdinande, Infante d'Espagne, seconde fille de Philippe V, Roi d'Espagne, et d'Élisabeth Farnèse, sa seconde femme ;

Mort le 16 octobre 1796.

351. MARIE - ANTOINETTE - FERDINANDE, Infante d'Espagne, Reine de Sardaigne, seconde fille de Philippe V, Roi d'Espagne, et d'Elisabeth Farnèse, sa seconde femme,

Née le 17 novembre 1729 ;

Mariée, le 31 mai 1750, à Victor-Amédée III. Roi de Sardaigne, second fils de Charles-Emmanuel III, Roi de Sardaigne, et de Polyxène Christine-Jeanne de Hesse-Rheinfels ;

Morte le 19 septembre 1785.

352. GEOFFRIN (Marie-Thérèse RODET, Madame),

Née, à Paris, en 1699;

Mariée à M. Geoffrin, Entrepreneur de la manufacture de glaces;

Morte, à Paris, en 1777.

Peint par Grimoux.

353. CHARLES DE BONAPARTE, père de l'Empereur Napoléon,

Né à Ajaccio;
Marié, en 1767, à Lætitia Ramolini;
Mort, à Montpellier, le 24 février 1785.

Attribué à Girodet.

354. LOUIS PHÉLYPEAUX, Comte de Saint-Florentin, puis Duc de La Vrillière, Ministre de la maison du Roi, fils aîné de Louis Phélypeaux, Marquis de La Vrillière, et de Françoise de Mailly,

Né en 1705;
Marié, le 16 mai 1724, à Amélie-Ernestine de Platen, fille d'Ernest-Auguste de Platen, Comte du Saint-Empire, et de Sophie-Caroline d'Offelen;
Mort le 27 février 1777.

355. LOUIS-PHILIPPE, Duc D'ORLÉANS, de Valois, de Chartres, de Nemours, de Montpensier, etc., premier Prince du Sang, Chevalier des ordres du Roi et de la Toison d'Or, fils de Louis, Duc d'Orléans, et d'Auguste-Marie-Jeanne de Baden-Baden,

Né, à Versailles, le 12 mai 1725 ;
Marié, le 18 décembre 1743, à Louise-Henriette de Bourbon-Conty, fille de Louis-Armand de Bourbon, Prince de Conty, et de Louise-Élisabeth de Bourbon-Condé ;
Mort, à Sainte-Assise, le 18 novembre 1785.

(Equestre.) Peint par Roslin.

355 bis. LE MÊME.

(En pied.)

355 ter. LE MÊME.

355 4°. LE MÊME.

356. LOUISE - HENRIETTE DE BOURBON, Duchesse d'Orléans, fille de

Louis-Armand de Bourbon, Prince de Conty, et de Louise - Elisabeth de Bourbon,

Née le 20 juin 1726;
Mariée, le 18 décembre 1743, à Louis-Philippe, Duc d'Orléans, fils de Louis, Duc d'Orléans, et d'Auguste-Marie-Jeanne de Baden-Baden;
Morte, au Palais-Royal, à Paris, le 9 février 1759.

(En Hébé.) Peint d'après un portrait qui est au Palais-Royal.

356 bis. LA MÊME.

356 ter. LA MÊME.

(En frileuse.)

356 4°. LA MÊME.

(En frileuse.) Sur bois, peint par Et. Pottier.

357. CHARLOTTE-JEANNE BÉRAUD DE LA HAYE, Marquise de Montesson, fille de Louis Béraud de La Haye de Riou, et de Marie-Josèphe Minard,

Née le 5 octobre 1738 ;

Mariée, en premières noces, à Jean-Baptiste, Marquis de Montesson ; et, en secondes noces, *mais secrètement*, le 23 avril 1773, à Louis Philippe, Duc d'Orléans ;

Morte le 5 février 1806.

Peint d'après un portrait de Mme Lebrun qui est au Palais-Royal.

358. LOUIS-JEAN-MARIE DE BOURBON, Duc de Penthièvre, de Damville, de Châteauvillain, du Maine et d'Aumale, Comte de Toulouse et d'Eu, Amiral et Grand-Veneur de France, Chevalier des ordres du Roi et de la Toison d'Or, fils de Louis-Alexandre de Bourbon, Comte de Toulouse, et de Marie-Victoire-Sophie de Noailles,

Né le 16 novembre 1725 :

Marié, le 29 décembre 1744, à Marie-Thérèse-Félicité d'Este, fille de François-Marie d'Este, Duc de Modène et de Reggio, et de Charlotte-Aglaé d'Orléans ;

Mort, à Bizy, près Vernon, le 4 mars 1793.

(En pied.)

358 bis. LE MÊME.

Un bâton de commandement à la main.

358 ter. LE MÊME.

358 4°. LE MÊME.

Peint d'après un pastel.

358 5°. LE MÊME.

358 6°. LE MÊME.

358 7°. LE MÊME.

358 8°. TABLEAU DE FAMILLE.

Personnages, en commençant par la gauche du tableau :

1° Louis-Jean-Marie de Bourbon, Duc de Penthièvre ;

2° Louis-Alexandre-Joseph-Stanislas de Bourbon, Prince de Lamballe ;

3° Marie-Thérèse de Savoye-Carignan, Princesse de Lamballe ;

4° Louise-Marie-Adélaïde de Bourbon (*Mademoiselle de Penthièvre*), Duchesse d'Orléans ;

5° Marie-Victoire-Sophie de Noailles, Comtesse de Toulouse.

359. MARIE - THÉRÈSE - FÉLICITÉ D'ESTE, Duchesse de Penthièvre, fille de François-Marie d'Este, Duc de Modène et de Reggio, et de Charlotte-Aglaé d'Orléans,

Née le 6 octobre 1726;
Mariée, le 29 décembre 1744, à Louis-Jean-Marie de Bourbon, Duc de Penthièvre, fils de Louis-Alexandre de Bourbon, Comte de Toulouse, et de Marie-Victoire-Sophie de Noailles;
Morte le 30 avril 1754.

Peint d'après une miniature qui est au Palais-Royal.

359 bis. LA MÊME.

(Jeune.)

360. LOUIS - FRANÇOIS - JOSEPH DE BOURBON, Prince de Conty, fils de Louis-François de Bourbon, Prince de Conty, et de Louise - Diane d'Orléans,

Né le 1er septembre 1734;
Marié, le 7 février 1759, à Marie-Fortunée d'Este, Princesse de Modène, fille de François-

Marie d'Este, Duc de Modène, et de Charlotte-Aglaé d'Orléans;

Mort, à Barcelone, le 10 mars 1814.

360 *bis*. LE MÊME.

361. MARIE-FORTUNÉE D'ESTE, Princesse de Conty, fille de François-Marie d'Este, Duc de Modène et de Reggio, et de Charlotte-Aglaé d'Orléans,

Née, à Modène, le 24 novembre 1731;

Mariée, le 7 février 1759, à Louis-François-Joseph de Bourbon, Prince de Conty, fils de Louis-François de Bourbon, Prince de Conty, et de Louise-Diane d'Orléans;

Morte, à Venise, le 21 septembre 1803.

Peint d'après une miniature qui est au Palais-Royal.

361 *bis*. LA MÊME.

Peint d'après une miniature qui appartient à S. A. R. Madame.

362. JOSEPH II, Empereur d'Allemagne, Roi de Hongrie et de Bohême, fils aîné de François Ier, Empereur d'Allemagne,

et de Marie-Thérèse d'Autriche, Reine de Hongrie et de Bohême,

Né le 13 mars 1741;

Marié, 1° le 6 octobre 1760, à Marie-Élisabeth, fille de Don Philippe, Infant d'Espagne, Duc de Parme, et de Louise-Élisabeth de France, fille aînée de Louis XV;

2° Le 23 janvier 1765, à Marie-Joséphine-Antoinette de Bavière, fille de l'Empereur Charles VII, alors Électeur de Bavière, et de Marie-Amélie d'Autriche, seconde fille de l'Empereur Joseph Ier;

Mort le 20 février 1790.

363. LOUIS - PHILIPPE - JOSEPH, DUC D'ORLÉANS, de Valois, de Chartres, de Nemours, de Montpensier, premier Prince du Sang, Chevalier des ordres du Roi, Amiral et Colonel-Général des Hussards, fils de Louis-Philippe, Duc D'Orléans, et de Louise - Henriette de Bourbon,

Né, à Saint-Cloud, le 13 avril 1747;

Marié, le 5 avril 1769, à Louise-Marie-Adélaïde de Bourbon, fille de Louis-Jean-Marie de

Bourbon, Duc de Penthièvre, et de Marie-Thérèse-Félicité d'Este, Princesse de Modène; Mort, à Paris, le 6 novembre 1793.

(En pied.) Peint par Sir Jos. Reynolds (1786).

363 *bis*. LE MÊME.

(En pied.) Peint par Larivière (1836).

363 *ter*. LE MÊME.

(En pied.) Peint par Delorme (1758).

363 4°. LE MÊME.

(En pied, costume de Colonel-Général des hussards.) Par Lepeintre, d'après Reynolds.

363 5°. LE MÊME.

Peint d'après Angelica Kauffmann.

363 6°. LE MÊME.

(Ovale.)

364. LOUISE - MARIE - ADÉLAIDE DE BOURBON, Duchesse d'Orléans, fille de Louis-Jean-Marie de Bourbon, Duc de Penthièvre, et de Marie - Thérèse-

Félicité d'Este, Princesse de Modène,

Née, à Paris, le 13 mars 1753 ;

Mariée, le 5 avril 1769, à Louis-Philippe-Joseph d'Orléans, alors Duc de Chartres, et depuis Duc d'Orléans, fils de Louis-Philippe, Duc d'Orléans, et de Louise-Henriette de Bourbon ;

Morte, à Ivry, près Paris, le 23 juin 1821.

(En pied.) Peint d'après un original de Lepeintre qui est au Palais-Royal.

364 bis. LA MÊME.

364 ter. LA MÊME.

364 4°. LA MÊME.

Peint d'après l'original de Mme Lebrun qui est au Palais-Royal.

365. LOUIS-ALEXANDRE-JOSEPH-STANISLAS DE BOURBON, Prince de Lamballe, second fils de Louis-Jean-Marie de Bourbon, Duc de Penthièvre et de Marie-Thérèse Félicité d'Este,

Né le 6 septembre 1747 ;

Marié, le 17 janvier 1767, à Marie-Thérèse-

Louise de Savoye-Carignan, fille de Louis-Victor-Amédée de Savoye, Prince de Carignan, et de Christine-Henriette de Hesse-Rheinfels;
Mort le 6 mai 1768.

366. MARIE-THÉRÈSE-LOUISE DE SAVOYE CARIGNAN, Princesse de Lamballe, fille de Louis-Victor-Amédée de Savoye, Prince de Carignan, et de Christine-Henriette de Hesse-Reinfels,

Née le 8 septembre 1749;

Mariée, le 17 janvier 1767, à Louis-Alexandre-Joseph Stanislas de Bourbon, Prince de Lamballe, second fils de Louis-Jean-Marie de Bourbon, Duc de Penthièvre, et de Marie-Thérèse-Félicité d'Este;

Morte, à Paris, le 3 septembre 1792.

Peint d'après un pastel qui appartient à S. A. R. Madame.

366 bis. LA MÊME.

367. LOUIS XVI, Roi de France, troisième fils de Louis de France, Dauphin, fils de Louis XV et de Marie-Josèphe de Saxe, sa seconde femme,

Né, à Versailles, le 24 août 1754;

Marié, au château de Versailles, le 16 mai 1770, à Marie-Antoinette-Josèphe-Jeanne, Archiduchesse d'Autriche, fille de François Ier, Empereur d'Allemagne, et de l'Impératrice Marie-Thérèse, Reine de Hongrie et de Bohême;

Mort, à Paris, le 21 janvier 1793.

(En habits royaux.) Peint par Calet.

368. MARIE - ANTOINETTE - JOSÈPHE-JEANNE, Archiduchesse d'Autriche, Reine de France, fille de François Ier, Empereur d'Allemagne, et de l'Impératrice Marie-Thérèse, Reine de Hongrie et de Bohême,

Née, à Vienne, le 2 novembre 1755;

Mariée, au château de Versailles, le 16 mai 1770, à Louis XVI, Roi de France (*alors Dauphin*);

Morte, à Paris, le 16 octobre 1793.

Peint d'après Mme Lebrun.

369. LOUIS XVII, second fils du Roi Louis XVI et de Marie-Antoinette-Josèphe-Jeanne, Archiduchesse d'Autriche,

Né, à Versailles, le 27 mars 1785;
Mort, au Temple, à Paris, le 5 juin 1795.

Il est représenté avec sa sœur, Marie-Thérèse-Charlotte de France, Duchesse d'Angoulême, puis Dauphine.

370. GEORGES WASHINGTON, Président des États-Unis d'Amérique et Général en chef de leurs armées,

Né, à Bridge-Creek, dans le comté de Westmoreland, en Virginie, le 22 février 1732;
Mort, le 14 décembre 1799, dans sa terre de Mount-Vernon, sur les rives du Potowmack.

Peint d'après Lepaon.

371. MARIE-PAUL-JOSEPH-YVES-GILBERT MOTTIER, Marquis de Lafayette, simple volontaire au service des Etats-Unis d'Amérique en 1777, puis Général-Major des armées Américaines : Membre de l'Assemblée des Notables en 1787; Député d'Auvergne à l'Assemblée nationale constituante en 1789; Commandant-Général de la garde nationale parisienne

en 1789; Lieutenant-Général commandant l'armée du Centre en 1791; Membre de la Chambre des Députés depuis 1818; Général en chef des gardes nationales de France en 1830.

Né, à Chavagnac, près Brioude (Haute-Loire), le 1er septembre 1757;

Mort, à Paris, le 20 mai 1834.

372. JEAN-BAPTISTE-DONATIEN DE VIMEUR, Comte DE ROCHAMBEAU, Maréchal de France, Commandant de l'armée du Nord de 1790 à 1792,

Né, à Rochambeau, le 1er juillet 1725;
Mort, à Rochambeau, le 10 mai 1807.

Peint d'après le portrait qui est dans la galerie du palais de Versailles.

373. NICOLAS, Baron DE LUCKNER, Maréchal de France, Général en chef de l'armée du Rhin en 1792, et Généralissime des armées du Nord en juillet 1793,

Né, en Bavière, en 1722;
Mort, à Paris, le 4 janvier 1794, âgé de 72 ans.

Peint d'après le portrait qui est dans la galerie du palais de Versailles.

374. FRANÇOIS-CHRISTOPHE KELLERMANN, Duc de Valmy, Pair et Maréchal de France, Général en chef de l'armée de la Moselle, de celle des Alpes, du Centre, etc.,

Né, à Strasbourg, le 28 mai 1735;
Marié, ...à
............de Barbé-Marbois;
Mort, à Paris, le 13 septembre 1820.

Peint d'après le portrait qui est dans la galerie du palais de Versailles.

375. ALEXANDRE, Vicomte de Beauharnois, Député de Blois à l'Assemblée nationale constituante, Maréchal de camp le 7 septembre 1792, Adjudant-Général à l'armée du Nord, Chef d'état major, puis Général en chef de l'armée du Rhin le 29 mai 1793, troisième fils

de François de Beauharnois, Chevalier, Marquis de la Ferté-Beauharnois, et de Marie-Anne-Henriette Pyvart de Chastulé,

Né, à la Martinique, le 28 mai 1760;
Marié, le . . . . à Marie-Françoise-Joséphine Tascher de La Pagerie, depuis mariée à Napoléon, Empereur des Français;
Mort le 24 juillet 1794.

Peint d'après le portrait qui est dans la galerie du palais de Versailles.

376. ANNE-PIERRE, Marquis DE MONTESQUIOU FEZENSAC, Seigneur de Salles et d'Artagnan, Maréchal de camp, Chevalier des ordres du Roi, un des quarante de l'Académie Française, Député par la noblesse de Paris aux états-généraux, Général en chef de l'armée du Midi, fils de Pierre, Comte de Montesquiou, Lieutenant-Général des armées du Roi et de Gertrude-Marie-Louise de Bombarde-de-Beaulieu,

Né, le 17 octobre 1739;

Marié, le 16 avril 1760, à Jeanne-Marie de Hocquart, fille de Jean-Hyacinthe de Hocquart et de Marie-Anne Gaillard de La Bouexière;
Mort, à Paris, le 30 décembre 1798.

Peint d'après le portrait qui est dans la galerie du palais de Versailles.

377. JEAN-BAPTISTE-CYRUS-MARIE-ADELAIDE DE TIMBRUNE THIEMBRONNE, Comte DE VALENCE, premier Ecuyer de Louis-Philippe, Duc d'Orléans, Colonel en second du régiment de Chartres infanterie, Député suppléant aux états-généraux, Maréchal de camp à l'armée d'Alsace, Lieutenant-Général à l'armée du Nord le 20 août 1792 et Général en chef de l'armée des Ardennes; puis Pair de France et Grand-Officier de la Légion d'Honneur; fils de Vincent-Sylvestre de Timbrune, Comte de Valence, et de Marie-Louise de Losse, Baronne de Saint-Jorry,

Né, à Agen, le 22 septembre 1757;
Marié, en 1786, à Pulchérie Brulart de

Genlis, fille de Charles-Alexis Brulart, Marquis de Genlis, et de Stéphanie-Félicité du Crest de Saint-Aubin ;

Mort le 5 février 1822.

Peint d'après le portrait qui est dans la galerie du palais de Versailles.

378. **ARMAND-LOUIS DE GONTAUT**, Duc de Biron, Député de Quercy à l'Assemblée nationale constituante, Général en chef de l'armée du Rhin, puis de l'armée du Var, fils de Charles-Antoine-Armand de Gontaut, Duc de Gontaut, et d'Antoinette-Eustoché Crozat du Châtel,

Né le 15 avril 1747 ;

Marié, par contrat signé le 26 janvier 1766, à Amélie, fille unique de Charles-Joseph, Duc de Boufflers, et de Marie-Anne-Philippine, Princesse de Montmorency ;

Mort le 31 décembre 1793.

Peint d'après le portrait qui est dans la galerie du palais de Versailles.

378. **CHARLES-FRANÇOIS DUMOURIEZ**,

Chevalier de l'ordre royal et militaire de Saint-Louis, Ministre des affaires étrangères, puis de la guerre, et Général en chef de l'armée du Nord en 1792,

Né, à Cambray, le 26 janvier 1739 ;
Mort, à Turville Park (Buckinghamshire Angleterre), le 14 mars 1823.

380. KOSCIUSKO, (Thadée) Général polonais,

Né, en Lithuanie, le 28 octobre 1746 ;
Mort, à Soleure, en Suisse, le 15 octobre 1817.

381. NAPOLÉON Ier, Empereur des Français, Roi d'Italie, fils de Charles de Bonaparte et de Lœtitia Ramolini,

Né, à Ajaccio, en Corse, le 15 août 1769 ;
Marié, 1° en l'an IV, à Marie-Joséphine-Rose Tascher de La Pagerie, veuve d'Alexandre de Beauharnois ;
2° Le 1er avril 1810, à Marie-Louise, Archiduchesse d'Autriche, fille de François Ier, Empereur d'Autriche, et de Marie-Thérèse, Princesse des Deux-Siciles, sa seconde femme ;

Mort, dans l'île Sainte-Hélène, le 5 mai 1821.

Peint d'après Mauzaisse.

382. PIE VII (Grégoire-Barnabé-Louis *Chiaramonti*),

Né, à Césène, le 24 août 1742;
Élu Pape le 14 mars 1800;
Mort, à Rome, le 20 août 1823.

Peint d'après David.

383. FERDINAND IV, Roi des Deux-Siciles, troisième fils de Charles III, Roi d'Espagne, et de Marie-Amélie de Saxe,

Né, à Naples, le 12 janvier 1751;
Marié, le 12 mai 1768, à Marie-Caroline-Louise, Archiduchesse d'Autriche, fille de François Ier, Empereur d'Allemagne, et de l'Impératrice Marie-Thérèse d'Autriche, Reine de Hongrie et de Bohême;
Mort le 4 janvier 1852.

384. MARIE-CAROLINE-LOUISE, Archiduchesse d'Autriche, Reine des Deux-Siciles, fille de François Ier, Empereur

d'Allemagne, et de l'Impératrice Marie-Thérèse d'Autriche, Reine de Hongrie et de Bohême,

Née, à Schoenbrunn, le 13 août 1752 ;
Mariée, le 12 mai 1768, à Ferdinand IV. Roi des Deux-Siciles, troisième fils de Charles III. Roi d'Espagne, et de Marie-Amélie de Saxe ;
Morte, à Hetzendorff, près Vienne, le 7 septembre 1814.

Peint d'après un portrait envoyé de Naples.

384 bis. LA MÊME.

385. LOUIS-JOSEPH DE BOURBON, Prince de Condé, fils de Louis-Henri de Bourbon, Prince de Condé, et de Caroline de Hesse-Rheinfels, sa seconde femme,

Né, le 9 août 1736 ;
Marié, 1° le 3 mai 1753, à Charlotte-Godefride-Élisabeth de Rohan-Soubise, fille de Charles de Rohan, Duc de Rohan-Rohan, Prince de Soubise, et d'Anne-Marie-Louise de La Tour-de-Bouillon ;

2° A Marie-Catherine de Brignolet, Princesse Douairière de Monaco ;

Mort, à Paris, le 13 mai 1818.

386. FRANÇOIS Ier, Empereur d'Autriche (*François* II, *Empereur d'Allemagne*), Roi de Hongrie et de Bohême, fils de Pierre-Léopold, Grand-Duc de Toscane, et de Marie-Louise, fille de Charles III, Roi d'Espagne,

Né le 12 février 1768 ;
Marié, 1° le 6 juin 1788, à Élisabeth-Wilhelmine-Louise, fille de Frédéric, Roi de Wurtemberg ;
2° Le 15 août 1790, à Marie-Thérèse, fille de Ferdinand IV, Roi des Deux-Siciles ;
3° En 1808, à Marie-Louise-Antoinette-Béatrix, Archiduchesse d'Autriche, fille de Ferdinand, Archiduc d'Autriche, son oncle ;
4° Le 10 novembre 1816, à Charlotte-Auguste, fille de Maximilien-Joseph, Roi de Bavière ;
Mort le 2 mars 1835.

387. MARIE - THÉRÈSE, Princesse des

Deux-Siciles, Impératrice d'Allemagne, fille aînée de Ferdinand IV, Roi des Deux-Siciles, et de Marie-Caroline-Louise, Archiduchesse d'Autriche, Reine des Deux-Siciles,

Née le 6 juin 1772;
Mariée, le 15 août 1790, à François II, Empereur d'Allemagne (*François Ier, Empereur d'Autriche*);
Morte le 13 avril 1807.

388. LOUIS XVIII, Roi de France, quatrième fils de Louis de France, Dauphin, fils de Louis XV, et de Marie-Josèphe de Saxe, sa seconde femme,

Né, à Versailles, le 17 novembre 1755;
Marié, au château de Versailles, le 14 mai 1771, à Marie-Joséphine de Savoye, fille de Victor-Amédée III, Roi de Sardaigne, et de Marie-Antoinette-Ferdinande, Infante d'Espagne;
Mort, au château des Tuileries, le 16 septembre 1824.

Peint d'après Gérard.

388 bis. LE MÊME.

Louis-Stanislas-Xavier de France, Comte de Provence, depuis Louis XVIII, Roi de France.

389. MARIE-JOSÉPHINE-LOUISE DE SAVOYE, Comtesse de Provence, seconde fille de Victor-Amédée III, Roi de Sardaigne, et de Marie-Antoinette-Ferdinande, Infante d'Espagne, fille de Philippe V et d'Elisabeth Farnèse,

Née le 2 septembre 1753;
Mariée, le 14 mai 1771, à Louis-Stanislas-Xavier de France, Comte de Provence, (*Depuis Louis XVIII, Roi de France*);
Morte le 13 novembre 1810.

390. CHARLES X, Roi de France, cinquième fils de Louis de France, Dauphin, fils de Louis XV, et de Marie-Josèphe de Saxe, sa seconde femme,

Né, à Versailles, le 9 octobre 1757;
Marié, le 16 octobre 1773, à Marie-Thérèse de Savoye, fille de Victor-Amédée III, Roi de

Sardaigne, et de Marie-Antoinette-Ferdinande. Infante d'Espagne.

Peint d'après Robert Lefèvre.

390 bis. LE MÊME.

Charles-Philippe de France, comte d'Artois, depuis Charles X, Roi de France.

391. MARIE-THÉRÈSE DE SAVOYE, Comtesse d'Artois, troisième fille de Victor-Amédée III, Roi de Sardaigne, et de Marie-Antoinette-Ferdinande, Infante d'Espagne, fille de Philippe V et d'Élisabeth Farnèse,

Née le 31 janvier 1756;

Mariée, le 16 novembre 1773, à Charles-Philippe de France, Comte d'Artois, Monsieur (*depuis Charles X, Roi de France*);

Morte, le 2 juin 1805.

Peint d'après un portrait qui est dans la galerie du palais de Versailles.

392. STÉPHANIE-FÉLICITÉ DUCREST, Comtesse de Genlis, fille de César

Ducrest, Marquis de Saint-Aubin, et de Félicité de Mézières,

Née le 25 janvier 1746;
Mariée, à Charles-Alexis de Brulart, Comte de Genlis, puis Marquis de Sillery;
Morte, à Paris, le 31 décembre 1830.

Peint par Albrier, d'après Giroust.

393. MARIE - FRANÇOISE - RENÉE DE CARBONEL DE CANISY, Marquise d'Antin, puis Comtesse de Forcalquier, fille du Comte de Canisy,

Née en 1726;
Mariée. 1° en 1741, au Marquis d'Antin, Vice-Amiral;
2° Le 6 mars 1742, à Louis-Bufile de Brancas, Comte de Forcalquier;
Morte en février 1814.

394. N... DE KERGARIOU, Capitaine des gardes du pavillon en 1782, frère de Madame de Guébriant.

395. PAUL- HÉLIE DE SAINT-POL, fils

naturel de Louis-Philippe-Joseph, Duc d'Orléans,

Né, à Paris, le 6 septembre 1791;
Mort, à Badajoz, le 23 avril 1812.

Peint d'après un pastel.

396. LOUIS-HENRI-JOSEPH DE BOURBON, Duc de Bourbon, Prince de Condé, fils de Louis-Joseph de Bourbon, Prince de Condé, et de Charlotte-Godefride-Elisabeth de Rohan-Soubise, sa première femme,

Né le 13 avril 1756;
Marié, le 24 avril 1770, à Louise-Marie-Thérèse-Bathilde d'Orléans, fille de Louis-Philippe, Duc d'Orléans, et de Louise-Henriette de Bourbon;
Mort, à Chantilly, le 27 août 1830.

397. LOUISE-MARIE-THÉRÈSE-BATHILDE D'ORLÉANS, Duchesse de Bourbon, Princesse de Condé, fille de Louis-Philippe, Duc d'Orléans, et de Louise-Henriette de Bourbon,

Née le 9 juillet 1750 ;

Mariée, le 24 avril 1770, à Louis-Henri-Joseph de Bourbon, Duc de Bourbon, Prince de Condé, fils de Louis-Joseph de Bourbon, Prince de Condé, et de Charlotte-Godefride-Élisabeth de Rohan-Soubise, sa première femme ;

Morte, à Paris, le 10 janvier 1822.

(En pied.) Peint par Delorme (1758).

397 *bis*. LA MÊME.

397 *ter*. LA MÊME.

397 4°. LA MÊME.

398. LOUISE-ADÉLAIDE DE BOURBON (*Mademoiselle de Condé*), fille de Louis-Joseph de Bourbon, Prince de Condé, et de Charlotte-Godefride-Elisabeth de Rohan-Soubise, sa première femme,

Née le 5 octobre 1757 ;

Morte, à Paris, le 10 mars 1824 au couvent du Temple où elle était religieuse.

Peint d'après un portrait de la collection de Condé, qui appartient à S. A. R. le Duc d'Aumale.

11.

399. **LOUIS-ANTOINE-HENRI DE BOURBON**, Duc D'Enghien, fils de Louis-Henri - Joseph de Bourbon, Duc de Bourbon, Prince de Condé, et de Louise - Marie - Thérèse-Bathilde d'Orléans,

Né, à Chantilly, le 2 août 1772;
Mort, sans alliance, à Vincennes, le 21 mars 1804.

399 *bis*. LE MÊME.

400. **LOUIS-ANTOINE DE FRANCE**, Duc d'Angoulême, puis Dauphin, fils aîné de Charles X et de Marie- Thérèse de Savoye,

Né, à Versailles, le 6 août 1775;
Marié, à Mittau, le 10 juin 1799, à Marie-Thérèse-Charlotte de France, fille de Louis XVI et de Marie-Antoinette-Josèphe-Jeanne, Archiduchesse d'Autriche.

Peint d'après Sir Th. Lawrence.

401. **MARIE-THÉRÈSE-CHARLOTTE DE**

FRANCE (*Madame*), Duchesse d'Angoulême, puis Dauphine, fille aînée de Louis XVI et de Marie-Antoinette-Josèphe-Jeanne, Archiduchesse d'Autriche,

Née, à Versailles le 19 décembre 1778 ;

Mariée, le 10 juin 1799, à Louis-Antoine d'Artois, Duc d'Angoulême, depuis Dauphin, son cousin germain.

Peint d'après Robert Lefèvre.

402. CHARLES-FERDINAND D'ARTOIS, Duc de Berry, second fils de Charles-Philippe de France, Comte d'Artois (*Charles X*), et de Marie-Thérèse de Savoye,

Né, à Versailles, le 24 janvier 1778 ;

Marié, le 17 juin 1816, à Marie-Caroline-Ferdinande-Louise, Princesse des Deux-Siciles, fille de François Ier, Roi des Deux-Siciles, et de Marie-Clémentine, Archiduchesse d'Autriche ;

Mort, le 14 février 1820.

403. MARIE-CAROLINE-FERDINANDE-LOUISE, Princesse des Deux-Siciles,

Duchesse de Berry, fille de François Ier, Roi des Deux-Siciles, et de Marie-Clémentine, Archiduchesse d'Autriche,

Née le 5 novembre 1798;

Mariée, le 17 juin 1816, à Charles-Ferdinand d'Artois, Duc de Berry, second fils de Charles X, Roi de France, et de Marie-Thérèse de Savoye.

Peint d'après Dubois Drahonnet.

404. FRANÇOIS Ier, Roi des Deux-Siciles, fils de Ferdinand IV, Roi des Deux-Siciles, et de Marie-Caroline-Louise, Archiduchesse d'Autriche,

Né le 19 août 1777;

Marié, 1° le 15 août 1790, à Marie-Clémentine, Archiduchesse d'Autriche, fille de l'Empereur Léopold II;

2° Le 6 octobre 1802, à Marie-Isabelle, fille de Charles IV, Roi d'Espagne;

Mort le 8 novembre 1830.

405. MARIE-ISABELLE, Infante d'Espagne, Reine des Deux-Siciles, fille de Charles IV, Roi d'Espagne, et de Marie-Louise, Infante de Parme.

Née le 8 juillet 1789;

Mariée, le 6 octobre 1802, à François-Janvier-Joseph, Prince héréditaire des Deux-Siciles, Duc de Calabre, depuis François Ier, Roi des Deux-Siciles;

Veuve le 8 novembre 1830.

406. MARIE-CHRISTINE-AMÉLIE-THÉRÈSE, Princesse des Deux-Siciles, Reine de Sardaigne, fille de Ferdinand IV, Roi des Deux-Siciles, et de Marie-Caroline-Louise, Archiduchesse d'Autriche,

Née le 17 janvier 1779;

Mariée, le 6 avril 1807, à Charles-Félix, Roi de Sardaigne;

Veuve le 27 avril 1831.

Peint d'après un original envoyé de Turin.

407. MARIE-ANTOINETTE-THÉRÈSE, Princesse des Deux-Siciles, Princesse des Asturies, fille de Ferdinand IV, Roi des Deux-Siciles, et de Marie-Caroline-Louise, Archiduchesse d'Autriche,

Née le 14 décembre 1784;

Mariée, le 25 août 1802, à Ferdinand-Marie-François de Paule, Infant d'Espagne, Prince des Asturies, depuis Ferdinand VII, Roi d'Espagne;

Morte le 21 mai 1806.

Peint par Alaux, d'après une miniature qui appartient à S. M. la Reine.

408. LÉOPOLD-JOSEPH-MICHEL, Prince de Salerne, fils de Ferdinand IV, Roi des Deux-Siciles, et de Marie-Caroline-Louise, Archiduchesse d'Autriche,

Né, le 1er juillet 1790;

Marié, le 28 juillet 1816, à Marie-Clémentine-Françoise-Josèphe, Archiduchesse d'Autriche, fille de François 1er, Empereur d'Autriche.

Peint par Heim.

409. FERDINAND III, Grand-Duc de Toscane, second fils de Léopold II, Empereur d'Allemagne, Roi de Hongrie et de Bohême, et de Marie-Louise, fille de Charles III, Roi d'Espagne,

Né le 6 mai 1769 ;

Marié, 1° le 19 septembre 1790, à Louise-Marie-Amélie-Thérèse, Princesse des Deux-Siciles, seconde fille de Ferdinand IV, Roi des Deux-Siciles, et de Marie-Caroline-Louise, Archiduchesse d'Autriche ;

2° Le 6 mai 1821, à Marie-Ferdinande-Amélie-Xavière de Saxe, seconde fille de Maximilien-Marie-Joseph, Prince de Saxe, et de Caroline-Marie-Thérèse, Princesse de Parme ;

Mort le 18 juin 1824.

Peint par Rouget, d'après une miniature qui appartient à S. M. la Reine.

410. LOUISE - MARIE - AMÉLIE-THÉRÈSE, Princesse des Deux - Siciles, Grande-Duchesse de Toscane, seconde fille de Ferdinand IV, Roi des Deux-Siciles, et de Marie - Caroline - Louise, Archiduchesse d'Autriche,

Née le 27 juillet 1773 ;

Mariée, le 19 septembre 1790, à Ferdinand III, Grand - Duc de Toscane, second fils de Léopold II, Empereur d'Allemagne, Roi de Hongrie et de Bohême, et de Marie-Louise, fille de Charles III, Roi d'Espagne ;

Morte le 18 septembre 1802.

Peint par Alaux, d'après une miniature qui appartient à S. M. la Reine.

411. LOUIS-PHILIPPE I**er****, Roi des Français**, fils aîné de Louis-Philippe-Joseph, Duc d'Orléans, et de Louise-Marie-Adélaïde de Bourbon,

Né à Paris le 6 octobre 1773 ;

Marié, le 25 novembre 1809, à Marie-Amélie-Thérèse, Princesse des Deux-Siciles, fille de Ferdinand IV, Roi des Deux-Siciles, et de Marie-Caroline-Louise, Archiduchesse d'Autriche.

(Équestre.) Peint par A. Scheffer.

S. M. est représentée avec deux de ses fils, le Duc d'Orléans et le Duc de Nemours.

411 *bis*. LE MÊME.

(En pied.) Peint par Hersent.

411 *ter*. LE MÊME.

Alors Duc d'Orléans, en costume de Colonel-Général des hussards.

Peint d'après Gérard.

412. MARIE-AMÉLIE-THÉRÈSE, Princesse des Deux-Siciles, Reine des Français, fille de Ferdinand IV, Roi des Deux-Siciles, et de Marie-Caroline-Louise, Archiduchesse d'Autriche,

Née, à Caserte, le 26 avril 1782 ;

Mariée, à Palerme, le 25 novembre 1809, à Louis-Philippe, Duc d'Orléans, depuis Louis-Philippe Ier, Roi des Français.

(En pied.) Peint par Hersent.

S. M. est représentée avec deux de ses fils, les Ducs d'Aumale et de Montpensier.

412 *bis*. LA MÊME.

(Alors Duchesse d'Orléans.) Peint d'après Gérard.

412 *ter*. LA MÊME.

Peint d'après Hersent.

413. ANTOINE-PHILIPPE D'ORLÉANS, Duc de Montpensier, second fils de Louis-Philippe-Joseph, Duc d'Orléans, et de Louise-Marie-Adélaïde de Bourbon.

Né, à Paris, le 3 juillet 1775 ;

Mort, sans alliance, à Salthill, en Angleterre, le 18 mai 1807.

(En pied.) Peint par Faure.

413 *bis*. LE MÊME.

D'après un pastel de Sharpless.

413 *ter*. LE MÊME.

D'après Mme la Comtesse de Tott.

414. LOUIS - CHARLES D'ORLÉANS, Comte de Beaujolais, troisième fils de Louis-Philippe-Joseph, Duc d'Orléans, et de Louise-Marie-Adélaïde de Bourbon,

Né, à Paris le 7 octobre 1779 ;
Mort, sans alliance, à Malte, le 30 mai 1808.

(En pied.) Peint par Faure.

414 *bis*. LE MÊME.

Peint d'après un pastel de M. Sharpless.

414 *ter*. LE MÊME.

415. EUGÈNE - ADÉLAIDE - LOUISE, Princesse d'ORLÉANS (Madame), fille de

Louis-Philippe-Joseph, Duc d'Orléans, et de Louise-Marie-Adélaïde de Bourbon, et sœur de Louis - Philippe Ier, Roi des Français,

Née à Paris, au Palais-Royal, le 23 août 1777.

(En pied.) Peint par Court.

S. A. R. est représentée avec son neveu, le Prince de Joinville.

415 *bis*. LA MÊME.

(En pied.) Peint par Mlle Victoire Lemoine.

Mademoiselle Paméla, depuis Lady Fitz-Gérald, présente des fleurs à S. A. R.

415 *ter*. LA MÊME.

Peint d'après Gérard.

415 4°. LA MÊME.

Peint d'après une miniature de Singry.

415 5°. LA MÊME.

D'après un tableau d'Antoine Giroust.

416. FERDINAND - PHILIPPE - LOUIS

D'ORLÉANS, Duc d'Orléans, Prince Royal, fils aîné de Louis-Philippe Ier, Roi des Français, et de Marie-Amélie-Thérèse, Princesse des Deux-Siciles, Reine des Français,

Né, à Palerme le 3 septembre 1810.

(En pied.) Par A. H. Scheffer, d'après A. Scheffer.

416 *bis*. LE MÊME.

(Alors Duc de Chartres.) Peint d'après Gérard.

417. LOUIS-CHARLES-PHILIPPE D'ORLÉANS, Duc de Nemours, second fils de Louis-Philippe Ier, Roi des Français, et de Marie-Amélie-Thérèse, Princesse des Deux-Siciles, Reine des Français,

Née, à Paris, le 25 octobre 1814.

(En pied.) Peint par Van-Ysendick.

417 *bis*. LE MÊME.

Peint d'après Mlle Godefroid.

418. FRANÇOIS-FERDINAND-PHILIPPE D'ORLÉANS, Prince de Joinville, troisième fils de Louis-Philippe Ier, Roi des Français, et de Marie-Amélie-Thérèse, Princesse des Deux Siciles, Reine des Français,

Né, à Neuilly, le 14 août 1818.

(En pied.) Peint par Hersent.

Il est représenté avec S. A. R. Madame la Princesse Adélaïde d'Orléans.

418. *bis*. LE MÊME.

419. CHARLES-FERDINAND-LOUIS-PHILIPPE-EMMANUEL D'ORLÉANS, Duc de Penthièvre, quatrième fils de Louis-Philippe Ier, Roi des Français, et de Marie-Amélie-Thérèse, Princesse des Deux-Siciles, Reine des Français,

Né, à Paris, le 1er janvier 1820;
Mort, à Neuilly, le 25 juillet 1828.

420. HENRI-EUGÈNE-PHILIPPE-LOUIS D'ORLÉANS, Duc d'Aumale, cinquième fils de Louis-Philippe Ier, Roi des Français, et de Marie-Amélie-Thérèse, Prin-

cesse des Deux-Siciles, Reine des Français,

Né, à Paris, le 16 janvier 1822.

(En pied.) Peint par Hersent.

Il est représenté avec la Reine et le Duc de Montpensier, son frère.

420. *bis*. LE MÊME.

421. ANTOINE-MARIE-PHILIPPE-LOUIS D'ORLÉANS, Duc de Montpensier, sixième fils de Louis-Philippe Ier Roi des Français, et de Marie-Amélie-Thérèse, Princesse des Deux-Siciles, Reine des Français,

Né, à Neuilly, le 14 octobre 1824.

(En pied.) Peint par Hersent.

Il est représenté avec la Reine et le Duc d'Aumale, son frère.

421. *bis*. LE MÊME.

422. MARIE-CHRISTINE-CAROLINE D'ORLÉANS, seconde fille de Louis-

Philippe Ier, Roi des Français, et de Marie-Amélie-Thérèse, Princesse des Deux-Siciles, Reine des Français,

Née, à Palerme, le 12 avril 1813.

(En pied.) Peint par H. Scheffer, d'après A. Scheffer.

422. *bis*. LA MÊME.

422. *ter*. LA MÊME.

Peint d'après Hersent.

423. FRANÇOISE-MARIE-LOUISE D'ORLÉANS, troisième fille de Louis-Philippe Ier, Roi des Français, et de Marie-Amélie-Thérèse, Princesse des Deux-Siciles, Reine des Français,

Née, à Twickenham, en Angleterre, le 28 mars 1816 ;

Morte, à Neuilly, le 21 mai 1818.

Peint d'après une miniature.

424. MARIE-CLÉMENTINE-CAROLINE D'ORLÉANS, quatrième fille de Louis-

Philippe Ier, Roi des Français, et de Marie-Amélie-Thérèse, Princesse des Deux-Siciles, Reine des Français,

Née, à Neuilly, le 3 juin 1817.

(En pied.) Peint d'après Decaisne.

424 *bis*. LA MÊME.

424 *ter*. LA MÊME.

Peint d'après Hersent.

425. LÉOPOLD Ier, Roi des Belges (Léopold-Georges-Christian-Frédéric, Prince de Saxe-Cobourg); fils de Frédéric-François-Antoine, Duc de Saxe-Cobourg, et de la Princesse Auguste de Reüss,

Né le 16 décembre 1790 ;
Marié 1°, le 2 mai 1816, à Charlotte-Auguste de Galles, Princesse d'Angleterre, fille du Roi George IV ;
2° Le 9 août 1832, à Compiègne, à Louise-Marie-Thérèse d'Orléans, fille aînée de Louis-Philippe Ier, Roi des Français, et de Marie-

Amélie-Thérèse, Princesse des Deux-Siciles, Reine des Français.

(En pied.) Peint par Decaisn

425. bis. LE MÊME.

Peint par Rouget.

426. LOUISE-MARIE-THÉRÈSE D'OR-LÉANS, Reine des Belges, fille aînée de Louis-Philippe Ier, Roi des Français et de Marie-Amélie-Thérèse, Princesse des Deux-Siciles, Reine des Français,

Née, à Palerme, le 3 avril 1812;

Mariée, à Compiégne, le 9 août 1832, à Léopold 1er, Roi des Belges.

(En pied.) Peint par Decaisne.

Elle est représentée avec son fils le Prince royal des Belges.

426. bis. LA MÊME.

426. ter. LA MÊME.

Peint par Ary Scheffer.

427. LOUIS-PHILIPPE-LÉOPOLD-VIC-

TOR ERNEST, Prince royal des Belges, fils aîné de Léopold Ier, Roi des Belges, et de Louise-Marie-Thérèse d'Orléans, Reine des Belges,

Né, à Lacken, le 24 juillet 1833 ;
Mort, à Lacken, le 16 mai 1834.

SECONDE PARTIE.

Tableaux, Gouaches et Dessins.

Seconde Partie.

TABLEAUX, GOUACHES ET DESSINS.

1. FRANÇOIS DE LORRAINE, Duc de Guise, présente à Charles IX les guerriers qui se sont distingués à la bataille de Dreux.

(19 décembre 1562).

« Catherine de Médicis quitta Vincennes pour conduire le Roi au château de Rambouillet, peu éloigné du champ de bataille. Le Duc de Guise s'y rendit aussitôt avec tous les officiers de l'armée. Introduit avec eux dans la salle où se tenait le Roi, il demanda s'il plairait à leurs Majestés de lui accorder un moment d'audience.
« Jésus! mon cousin, répondit Catherine, que

parlez-vous d'audience? Doutez-vous du plaisir que le Roi et moi aurions à vous entendre? »

Peint par A. Johannot (1836).

2. HENRI DE LORRAINE (*le Balafré*), Duc de Guise, au milieu des ligueurs au **Château d'Eu.**

En 1578, pendant le séjour que fit au château d'Eu le Duc de Guise, il réunit les principaux chefs de la ligue, parmi lesquels on remarquait le Cardinal, son frère, les émissaires du Roi d'Espagne, et le père Mathieu, Provincial des Jésuites. La tradition a conservé le souvenir d'un grand conciliabule qui se tint dans le parc à l'ombre des hêtres qui existent encore.

Peint par Decaisne (1835).

3. ENTRÉE DE MADEMOISELLE DE MONTPENSIER A ORLÉANS, pendant la Fronde, en 1652.

Mademoiselle raconte ainsi cet événement dans ses Mémoires : « J'avois laissé les compagnies qui m'escortoient, à un quart de lieue de la ville, de peur de l'effrayer à l'aspect de ces troupes; et elles m'attendirent pour me suivre à Gergeau, si je ne pouvois entrer. L'on me vint dire que l'affaire avançoit : j'y envoyai un des exempts de Monsieur qui étoit avec moi, nommé *Visé*, et un de mes écuyers qui s'appeloit *Vantelet*. Ils firent fort bien, et je descendis du lieu où j'étois peu après pour aller voir de quelle manière tout se passoit. Comme le quai en cet endroit étoit revêtu, et qu'il y avoit un fond où la rivière entroit et battoit la muraille, quoique l'eau fût basse, l'on amena deux bateaux pour me servir de pont, dans le dernier desquels on me mit une échelle par laquelle je montai. Elle étoit assez haute ; je ne marquai pas le nombre des échelons : je me souviens seulement qu'il y en avoit un rompu, et qui m'incommoda à monter. Rien ne me coûtoit alors pour l'exécution d'une circonstance avantageuse à mon parti, et que je pensois l'être fort pour moi.

« Lorsque je fus montée, je laissai mes gardes aux bateaux, et leur ordonnai de s'en retourner où étoient mes carrosses, pour montrer à Messieurs d'Orléans que j'entrois dans leur ville avec toute sorte de confiance, puisque je n'avois point de gendarmes avec moi ; quoique le nombre des gardes fût petit, cela ne laissoit pas de me paroître faire un meilleur effet de ne les pas mener. Ma présence animoit les bateliers, et ils travailloient avec plus de vigueur à rompre la porte; le bourgeois en faisoit de même dans la ville : Gramont les faisoit agir, et ceux de la garde de cette porte étoient sur les armes, spectateurs de cette rupture, sans l'empêcher. L'hôtel-de-Ville étoit toujours rassemblé, et tous les officiers de nos troupes qui se trouvèrent alors dans Orléans y avoient excité une sédition qui auroit sans doute fait résoudre à me venir ouvrir la porte *Bannière,* s'ils ne m'eussent su entrée par la porte *Brûlée :* cette illustre porte et qui sera tant renommée par mon entrée, s'appelle ainsi. Quand je la vis rompre, et que l'on en eut ôté deux planches du milieu (l'on n'auroit pu l'ouvrir autrement : il y avoit deux barres de fer en travers d'une grosseur excessive), Gramont me fit signe d'avancer : comme il y avoit beaucoup de boue, un valet de pied me prit, me porta, et me fourra par ce trou, où je n'eus pas sitôt la tête passée que l'on battit le tambour. Je donnai la main au capitaine et je lui dis : « Vous serez bien aise de vous pouvoir vanter que vous m'avez fait entrer. » Les cris de *vive le Roi, vivent les Princes! et point de Mazarin!* redoublèrent : deux hommes me prirent, et me mirent sur une chaise de bois.

Je ne sais si j'étois assise dedans ou sur les bras, tant la joie où j'étois m'avoit mise hors de moi-même; tout le monde me baisoit les mains et je me pâmois de rire de me voir en un si plaisant état. Après avoir passé quelques rues, portée en triomphe, je leur dis que je savois marcher, et que je les priois de me mettre à terre : ce qu'ils firent; je m'arrêtai pour attendre les dames, qui arrivèrent un moment après, crottées aussi bien que moi, et fort aises aussi. Il marchoit devant moi une compagnie de la ville, tambour battant, qui me faisoit faire place. »

Peint par Gallait, d'après A. Johannot.

4. ENTREVUE DE LOUIS XIV, Roi de France et de Navarre, et de Marie-Thérèse d'Autriche, infante d'Espagne, fille unique de Philippe IV, et d'Élisabeth de France, sa première femme.

(2 juin 1660).

(Gouache.)   C. M.

5. PASSAGE DU RHIN, par l'armée française, sous les ordres de Louis XIV.

Louis XIV, qui voulait pénétrer dans l'intérieur de la Hollande, se rendit sur les bords du Rhin, vis-à-vis du fort de Tolhuis, et résolut de tenter le passage. Les cuirassiers, commandés par le Comte de Revel, et ayant à leur tête le Comte de Guiche, se jetèrent les premiers dans le fleuve. Les Hollandais, postés de l'autre côté avec un gros corps de troupes, firent d'inutiles efforts pour les repousser. Trois de leurs escadrons qui s'étaient avancés dans le Rhin furent presque aussitôt renversés, et rien ne put arrêter les Français. Dès qu'ils eurent passé, le Prince de Condé et le Duc d'Enghien les menèrent à l'infanterie ennemie, retranchée sous le fort de Tolhuis ; ils la rompirent en peu de temps, tuèrent plus de 500 hommes, et firent près de 4000 prisonniers.

(11 juin 1672.)

6. ANNE-MARIE-LOUISE D'ORLÉANS (*Mademoiselle de Montpensier*), écrivant ses Mémoires.

7. REVUE DE MOUSQUETAIRES, dans la cour du château de Versailles, en présence du Roi Louis XIV.

(Gouache.) C. H.

8. FEU D'ARTIFICE, sur la Seine, près du Pont-Neuf.

(Gouache.)   C. M.

9. BATAILLE DE CASSANO, gagnée par l'armée française, commandée par le Duc de Vendôme, sur l'armée autrichienne, commandée par le Prince Eugène.

(16 août 1705.)

Peint par E. Lamy (1836).

10. LE DUC DE PENTHIÈVRE présente les cercueils des Princes de sa famille à l'Église Collégiale de Dreux.

(Novembre 1783.)

En 1783, Louis XVI, voulant donner plus d'extension aux chasses de Versailles, jugea que l'acquisition de Rambouillet était nécessaire pour cet objet, et le Baron de Breteuil, alors Ministre de la maison du Roi, fut chargé d'en faire la demande au Duc de Penthièvre. Ce Ministre, qui n'ignorait pas que ce Prince avait une prédilection particulière pour Rambouillet, où se trouvait la sépulture de la Duchesse de Penthièvre, ainsi que celles du Comte de Toulouse son père, de la Princesse sa mère et des autres Princes de sa famille, s'adressa à l'Abbé Lenoir, chef du conseil du Duc de Penthièvre, pour lui faire connaître les désirs et les intentions du Roi. Le Duc de Penthièvre répondit que tout ce qu'il possédait était aux pieds du Roi; qu'il était toujours prêt à donner sa vie et à verser son sang pour son service; qu'il suppliait le Roi de considérer Rambouillet comme étant entièrement et toujours à sa disposition, soit pour la chasse, soit pour tout autre objet; mais qu'en même temps il suppliait S. M. de ne pas insister pour qu'il le vendît, parce qu'il avait des motifs puissans qui lui interdisaient d'en faire le sacrifice.

Cette réponse ayant été transmise au Roi Louis XVI, il envoya chercher le Duc de Penthièvre, et lui demanda quels étaient les motifs qui l'empêchaient de lui vendre Rambouillet. « C'est, dit le Duc de Penthièvre, que ce lieu est celui de la sépulture de mes parens, et que V. M. sentira sûrement que je ne peux pas les vendre. — Oh! certainement, reprit le Roi, je le trouve bien naturel ; mais ce ne serait pas les vendre que de les transporter ailleurs. — Ils seront transportés, Sire, répondit le Duc de Penthièvre en se retirant et en s'inclinant profondément devant le Roi, et V. M. aura Rambouillet. »

L'Abbé Lenoir fut aussitôt chargé d'aller trouver le Baron de Breteuil, et de faire dresser le contrat, et le Duc de Penthièvre se réserva de régler lui-même la translation des corps de sa famille, qui jusque alors avaient reposé dans un caveau de l'église de Rambouillet. Ce fut la collégiale de Saint-Étienne-de-Dreux qu'il choisit pour leur nouvelle sépulture, en attendant qu'il pût en faire construire une spéciale dans l'enceinte du château de Dreux, qui lui appartenait. Il n'a pas eu le temps de remplir cette pieuse intention; mais la Duchesse d'Orléans, sa fille, et le Roi Louis-Philippe Ier, son petit-fils, ont satisfait à ce vœu, en rachetant le terrain du château de Dreux, vendu et démoli pendant la révolution, et en y construisant le monument où les restes de la famille de Penthièvre ont été religieusement recueillis, et qui est devenu la sépulture de la maison d'Orléans.

Ce fut dans le mois de novembre 1783 qu'eut lieu la triste et lugubre cérémonie de la translation des corps de Rambouillet à Dreux. La piété du Duc de Penthièvre l'avait réglée et ordonnée, et dans cette occasion remarquable, on lui donna spontanément un témoignage bien sincère de l'amour qu'on lui portait, du respect que l'on avait pour les auteurs de ses jours et pour tous ceux qui lui avaient été chers dans ce monde.

Tout ce qu'il y avait de personnes distinguées à plusieurs lieues du chemin où devait passer le convoi s'y rendirent en habit de deuil, et se joignirent au cortège ; toutes les paroisses environnantes s'assemblèrent processionnellement ; les habitans accompagnaient en foule les voitures jusqu'à la fin de leur territoire, où ils trouvaient les processions des paroisses voisines qui les remplaçaient.

Entouré des Officiers de sa maison, de quelques Membres du Parlement, du Clergé, des Pèlerins de Saint-Jacques, le Prince suivit à pied les chars funèbres pendant toute la marche, qui était de sept lieues. Huit cercueils étaient contenus dans un riche corbillard. Lorsqu'on les déchargea, ils furent portés par des paysans et des gens de la maison du Prince. Le premier était celui du Comte de Toulouse, père du Duc de Penthièvre, et Grand-Amiral de France. Plusieurs Officiers, au nombre desquels se trouvaient M. de Guébriant, M. de Lascases, M. du Authier, M. de Florian, alors capitaine au régiment de Dragons-Penthièvre, portaient sur des coussins de velours les divers insignes des Princes dont les restes étaient tranférés dans les caveaux de Dreux.

Peint par Gosse (1836).

11. LE FLEUVE ET LES NAÏADES.

Peint par Mignard.

12. LA CONTINENCE DE SCIPION.

Peint par J. M. Vien.

13. TRAJAN, rendant la justice aux Romains.

Peint par Hallé.

14. UNE NYMPHE, effrayée par un Loup.

Peint d'après Boucher.

15. UNE SAINTE FAMILLE.

D'après Raphaël.

16. UNE SAINTE FAMILLE,

      D'après Raphaël.   C. M.

17. MÉLÉAGRE.

      Peint sur bois.   C. M.

18. JUNON, faisant arracher les yeux d'Argus, pour en parer les Plumes du Paon.

                         C. M.

19. UNE DAME, richement vêtue, paraît délivrer un prisonnier.

                         C. M.

20. UNE FÊTE FLAMANDE.

                         C. M.

21. UN HOMME portant un fardeau.

Dessin au crayon rouge, fait par le Grand Dauphin.

    Derrière ce dessin est écrit, de la main de Mademoiselle de Montpensier : « *Faict par Monsieur le Dofin*, 1677. »

                         C. M.

22. UN HOMME appuyé sur un arbre.

>Dessin à la plume fait par le Grand Dauphin.

>Derrière ce dessin est la même inscription que celle du N° 21.

C. M.

23. PARTIE DE PLAISIR DE PAYSANS.

C. M.

24. DES AMOURS cueillant des pommes.

C. M.

25. PAYSAGE : un Temple, des Guerriers, des Musiciens.

C. M.

26. APOLLON ET L'AURORE.

>D'après une gravure du Guide. C. M.

27. UNE BACCHANTE, pressant une grappe de raisin.

>(Octogone.) C. M.

28. PAYSAGE; on y voit quatre personnes qui dansent.

>Peint sur bois. C. M.

29. UNE FEMME, un Serpent, un Squelette, l'Amour et les attributs de la ROYAUTÉ.

C. M.

30. HERMINIE SECOURANT TANCRÈDE.

Peint d'après Boucher.

31. VÉNUS ET LES AMOURS.

Peint par Boulogne.

32. PAYSAGE : une Femme conduisant des Vaches.

C. M.

33. UNE SCÈNE VILLAGEOISE.

C. M.

34. PAYSAGE : une Rivière derrière laquelle se trouvent plusieurs Bâtimens,

C. M.

35. DESSIN à la plume, représentant des Rochers.

Derrière ce tableau est écrit de la main de Mademoiselle de Montpensier : « *Faict par Monsieur le Dofin*, 1677. »

C. M.

36. PAYSAGE : un coup de vent.

C. M.

37. PAYSAGE, dans lequel se trouvent des Pêcheurs.

Peint sur bois.   C. M.

38. PAYSAGE au bas duquel, dans l'angle à gauche, se trouvent un écusson losange à trois fleurs de lys et une couronne de Prince.

C. M.

39. PAYSAGE.

C. M.

40. PAYSAGE : on y voit une chute d'eau et un Pont au dessus.

C. M.

41. PAYSAGE : on y voit une Rivière et des Pêcheurs.

C. M.

42. PAYSAGE : on y voit une Femme en charrette.

C. M.

43. UN PAYSAGE.

C. M.

44. UN PAYSAGE.

Peint sur bois. C. M.

45. UN PAYSAGE.

C. M.

46. UN PAYSAGE : Chasse au Lion.

C. M.

47. UN PAYSAGE : Chasse au Faucon.

C. M.

48. UN PAYSAGE : Combat de Taureaux.

C. M.

49. ESPÈCE DE FOIRE : Bâtimens en ruines, Paysage.

C. M.

50. UN PAYSAGE.

Peint sur bois.   C. M.

51. UN PAYSAGE.

Peint sur bois.   C. M.

52. DES ATTRIBUTS DIVERS et une Tête de mort.

C. M.

53. UNE GUIRLANDE OCTOGONE, autour de laquelle se trouvent la Tête du Christ, et tous les attributs de la Passion.

Dans la Guirlande est écrit : « *Ne jugez point, afin que vous ne soyez point jugés ; car vous serez jugés selon que vous aurez jugé les autres.* »

Saint Mat., chap. VII, VI, v. 1 et 2.
C. M.

54. UNE COURONNE D'ORNEMENS.

Dans la Couronne est écrit : « *Ne vous lais-*

« sez pas vaincre par le mal, mais travaillez
« à vaincre le mal par le bien. »

Rom., chap. XII, v. 21.

C. M.

55. UNE GUIRLANDE DE FLEURS.

Dans la Guirlande est écrit : « *Ne vous
« trompez pas, on ne se moque pas de Dieu;
« l'homme ne recueillera que ce qu'il aura
« semé !* »

Gal., chap. VI, v. 7.

(Ovale.)   C. M.

56. UN FAISAN.

(Sur vélin.)   C. M.

57. UN PIGEON.

(Sur vélin.)   C. M.

58. UNE PERDRIX.

(Sur vélin.)   C. M.

59. UN CANARD.

(Sur vélin.)   C. M.

60. UNE LEVRETTE.

(Sur vélin.) C. M.

61. UN CHIEN, regardant une Chauve-Souris.

C. M.

62. PAPILLONS, Insectes, Coquillages.

(Sur cuivre.) C. M.

63. *IDEM.*

(Sur cuivre.) C. M.

64. TROIS VASES DE FLEURS.

C. M.

65. VASE DE FLEURS, sur une table couverte d'un tapis rouge.

C. M.

66. VASE DE FLEURS et un Coquillage sur une table.

C. M.

67. VASE DE FLEURS, sur une table couverte d'un tapis rougeâtre.

C. M.

68. VASE DE FLEURS, et un Coquillage sur une table.

C. M.

69. FLEURS ET FRUITS.

C. M.

70. VASE DE FLEURS.

C. M.

71. VASE DE FLEURS, sur une table couverte d'un tapis vert.

C. M.

72. VASE DE FLEURS.

C. M.

73. VASE DE FLEURS.

C. M.

74. CORBEILLE DE FLEURS.

Peint sur bois.   C. M.

75. FLEURS.

C. M.

76. VASE DE FLEURS.

C. M.

77. CORBEILLE DE FLEURS.

C. M.

78. CORBEILLE DE FLEURS.

C. M.

79. UN VASE DE FLEURS.

C. M.

80. Le jeune THÉSÉE retrouvant les armes de son père.

Peint par Brenet.

81. LE DÉJEUNER D'HUITRES.

Peint par de Troy (1735).

82. LE DÉJEUNER DE JAMBON.

Peint par Lancret (1735).

83. HERCULE entre le Vice et la Vertu.

Peint par Verdier.

84. BACCHUS, Vénus et les Amours.

Peint par N. Coypel.

85. DIANE ET ENDYMION.

Peint par J. B. Vanloo.

86. UNE BATAILLE.

Peint par Larue.

87. UNE BATAILLE.

Peint par Larue.

88. L'ORIGINE DE LA PEINTURE.

Peint par Regnault.

89. PYGMALION prie Vénus d'animer sa Statue.

Peint par Regnault.

90. FÊTE en l'honneur de Bacchus.

Peint par Hallé.

91. BACCHUS, Présidant aux vendanges.

Peint par Lagrénée l'aîné.

92. POMONE.

93. JEUX D'ENFANS.

Peint par Vien.

94. JEUX D'ENFANS.

    Peint par Vien.

95. JEUX D'ENFANS.

    Peint par Vien.

96. JEUX D'ENFANS.

    Peint par Vien.

97. ECCE HOMO.

    Peint sur vélin.   C. M.

98. TÊTE DE VIERGE.

    Peint d'après Raphaël.   C. M.

99. LA VIERGE et l'enfant Jésus.

            C. M.

100. LA VIERGE et l'enfant Jésus.

            C. M.

101. UNE VIERGE, vêtue de bleu.

            C. M.

102. SAINT LUC.

C. M.

103. SAINT MARC.

C. M.

104. SAINT MARC.

C. M.

105. SAINT JEAN.

C. M.

106. SAINT FRANÇOIS-DE-PAUL.

Sur cuivre. C. M.

107. SAINT JEAN dans le désert.

Peint d'après Raphaël. C. M.

108. UNE FEMME faisant danser un Chien.

C. M.

109. UN MUSICIEN.

C. M.

110. LA MAIN CHAUDE.

C. M.

111. TABLEAU DE FAMILLE.

Personnages :

Louis-Philippe Ier, Roi des Français.

Marie-Amélie-Thérèse, Princesse des Deux-Siciles, Reine des Français.

Ferdinand-Philippe-Louis d'Orléans, Duc d'Orléans, Prince royal.

Louis-Charles-Philippe d'Orléans, Duc de Nemours.

François-Ferdinand-Philippe d'Orléans, Prince de Joinville.

Henri-Eugène-Philippe-Louis d'Orléans, Duc d'Aumale.

Antoine-Marie-Philippe-Louis d'Orléans, Duc de Montpensier.

Marie-Christine-Caroline, Princesse d'Orléans

Marie-Clémentine-Caroline, Princesse d'Orléans.

Eugène-Adélaïde-Louise, Princesse d'Orléans, sœur du Roi.

Léopold Ier, Roi des Belges.

Louise-Marie-Thérèse d'Orléans, Reine des Belges.

TROISIÈME PARTIE.

Bustes.

Troisième Partie.

BUSTES.

1. JEAN D'ARTOIS, Comte d'Eu, seigneur de Saint-Valery et d'Ault, surnommé (*sans Terre*), second fils de Robert d'Artois, III du nom, Comte de Beaumont Le Roger, et de Jeanne de Valois, fille puînée de Charles de France, Comte de Valois, et de Catherine, Dame de Courtenay, sa seconde femme,

Né sur la fin du mois d'août 1321;

Marié par contrat passé au château d'Eu, le 11 juillet 1352, à Isabelle de Melun, Dame de Houdain, veuve de Pierre, Comte de Dreux, Seigneur de Montpensier;

Mort le 6 avril 1386.

2. ISABELLE DE MELUN, Dame de Houdain, fille de Jean, I du nom, Vicomte de Melun, Chambellan de France, et d'Isabelle, Dame d'Antoing et d'Espinoy,

Née.....

Mariée, 1° à Pierre, Comte de Dreux, Seigneur de Montpensier, fils de Jean, II du nom. Comte de Dreux, de Braine et de Joigny, et de Jeanne de Beaujeu, Dame de Montpensier;

2° Par contrat passé au château d'Eu, le 11 juillet 1352, à Jean d'Artois, Comte d'Eu, Seigneur de Saint Valery et d'Ault;

Morte le 19 décembre 1389.

3. PHILIPPE D'ARTOIS, Comte d'Eu, Connétable de France, troisième fils de Jean d'Artois, Comte d'Eu, et d'Isabelle de Melun, Dame de Houdain, veuve de Pierre, Comte de Dreux, Seigneur de Montpensier,

Né... .

Marié par contrat passé à Paris, le 27 janvier 1392, à Marie de Berry, veuve de Louis de Châtillon, Comte de Dunois, et seconde fille de Jean de France, Duc de Berry, et de Jeanne d'Armagnac, sa première femme;

Prisonnier des Turcs à la bataille de Nicopolis, en 1396, il mourut à Micalizo, en Natolie. le 16 juin 1397.

4. CHARLES D'ARTOIS, quatrième fils de Jean d'Artois, Comte d'Eu, et d'Isabelle de Melun, Dame de Houdain, veuve de Pierre, Comte de Dreux, Seigneur de Montpensier,

Mort jeune, le 15 avril 1368.

5. ISABELLE D'ARTOIS, fille aînée de Jean d'Artois, Comte d'Eu, et d'Isabelle de Melun, Dame de Houdain, veuve de Pierre, Comte de Dreux, Seigneur de Montpensier,

Morte sans alliance à l'âge de 18 ans, le 26 juin 1379.

6. PHILIPPE D'ARTOIS, fils aîné de Philippe d'Artois, Comte d'Eu, Connétable

de France, et de Marie de Berry, veuve de Louis de Châtillon, Comte de Dunois, et seconde fille de Jean de France, Duc de Berry, et de Jeanne d'Armagnac, sa première femme,

Mort en bas âge à Eu, le 23 décembre 1397.

7. CHARLES D'ARTOIS, Comte d'Eu, Pair de France, Seigneur de Saint-Valery et de Houdain, second fils de Philippe d'Artois, Comte d'Eu, Connétable de France, et de Marie de Berry, veuve de Louis de Châtillon, Comte de Dunois, et seconde fille de Jean de France, Duc de Berry, et de Jeanne d'Armagnac, sa première femme,

Né.....
Marié, 1° en 1447, à Jeanne de Saveuse;
2° le 23 septembre 1454, à Hélène de Melun, fille puînée de Jean de Melun, Seigneur d'Espinoy, et de Jeanne d'Abbeville;
Mort le 17 juillet 1471, âgé d'environ 78 ans.

(Anselme dit 27 juillet 1472.)

8. JEANNE DE SAVEUSE, fille unique de Philippe, Seigneur de Saveuse,

>Née.....

>Mariée en 1447 à Charles d'Artois, Comte d'Eu, Pair de France, Seigneur de Saint-Valery et de Houdain, second fils de Philippe d'Artois, Comte d'Eu, Connétable de France, et de Marie de Berry;

>Morte au château de Sancerre, le 2 janvier 1448.

9. HÉLÈNE DE MELUN, fille puînée de Jean de Melun, Seigneur d'Espinoy, et de Jeanne d'Abbeville,

>Née.....

>Mariée le 24 septembre 1454, à Charles d'Artois, Comte d'Eu, second fils de Philippe d'Artois, Comte d'Eu, Connétable de France, et de Marie de Berry.

>Morte le 20 juillet 1472.

10. HENRI DE LORRAINE, I du nom, Duc de Guise (*le Balafré*), Prince de Joinville, Comte d'Eu, Pair et Grand-Maître de France, fils aîné de François

de Lorraine, Duc de Guise, et d'Anne d'Este-Ferrare,

Né le 31 décembre 1550;

Marié à Paris, en septembre 1570, à Catherine de Clèves, Comtesse d'Eu, veuve d'Antoine de Croy, Prince de Porcéan, et deuxième fille de François de Clèves, I du nom, Duc de Nevers, et de Marguerite de Bourbon-Vendôme;

Mort à Blois, le 23 décembre 1588.

11. CATHERINE DE CLÈVES, Duchesse de Guise, Comtesse d'Eu, seconde fille de François de Clèves, I du nom, Duc de Nevers, Comte d'Eu, et de Marguerite de Bourbon-Vendôme,

Née en 1548;

Mariée, 1° à Antoine de Croy, Marquis de Raynel et Prince de Porcéan, fils de Charles de Croy, Prince de Porcéan;

2° En septembre 1570, à Henri de Lorraine (*le Balafré*), Duc de Guise, fils aîné de François de Lorraine, Duc de Guise, et d'Anne d'Este-Ferrare;

Morte à Paris, le 11 mai 166

www.ingramcontent.com/pod-product-compliance
Lightning Source LLC
Chambersburg PA
CBHW052241220526
45471CB00001B/138